Dechrau CYFIEITHU

Llyfr ymarferion i rai sy'n dechrau ymddiddori mewn cyfieithu

Heini Gruffudd

Cyhoeddwyd gan **Y Ganolfan Astudiaethau Addysg**, Aberystwyth (www.caa.aber.ac.uk) gyda chymorth ariannol Awdurdod Cymwysterau, Cwricwlwm ac Asesu Cymru.

ISBN: 1 85644 899 1

Darnau gwreiddiol gan yr awdur yw'r darnau cyfieithu, ac nid ydynt o reidrwydd yn adlewyrchu barn ACCAC a CAA.

Diolch i Gwyneth Price, Jonathan B. Rees, Angharad Rhys ac Ion Thomas am eu harweiniad gwerthfawr.

Golygwyd gan Delyth Ifan

Arluniwyd a dyluniwyd gan Richard Huw Pritchard

Argraffwyd gan Y Lolfa

Cyflwyniad

Nod y llyfr hwn yw cyflwyno ymarferion cyfieithu mewn modd sy'n ysgogi dealltwriaeth o'r gwahaniaethau rhwng y Gymraeg a'r Saesneg.

Mae llyfrau eraill ar gael sy'n manylu ar ramadeg, idiomau, ac ati, a dylai rhai sy'n rhoi cynnig ar gyfieithu wybod am y rhain a'u defnyddio'n helaeth. Nid cyflwyno gramadeg yw nod y llyfr hwn.

Nid oes gwerslyfr cyfieithu i'r Gymraeg ar gael ar hyn o bryd: mae angen dirfawr am lyfr o'r fath i oleuo'r rhai sydd â'u bryd ar gyfieithu. Yn niffyg hyn, y gobaith yma yw cynnig llyfryn hwylus a fydd o ddefnydd i fyfyrwyr ysgol a choleg ac eraill sydd am gychwyn ar gyfieithu, neu sydd am wella'u Cymraeg.

Diolchiadau

Diolch i fyfyrwyr Prifysgol Cymru Abertawe, cefais gyfle i drafod materion cyfieithu am bymtheng mlynedd, a gobeithio y bydd yr hyn sydd dan sylw yma'n adlewyrchu'r math o drafodaethau sy'n debyg o godi wrth i ddisgyblion a myfyrwyr ddechrau cyfieithu. Y myfyrwyr hefyd biau hawlfraint nifer o'r camgyfieithiadau!

Cefais gymorth parod gan staff Y Ganolfan Astudiaethau Addysg, Aberystwyth, a sylwadau gwerthfawr gan athrawon a fu'n treialu'r ymarferion. Diolch hefyd i Dr Elin Meek am sawl awgrym defnyddiol.

Cynnwys

tud.

Cyffredinol:

Ymarferion:

1. Wrth gychwyn ar gyfieithu byddwch yn sylwi ar y gwahaniaethau rhwng y Gymraeg a'r Saesneg. O dipyn i beth bydd y rhain yn dod yn gyfarwydd i chi, a daw'r dasg o gyfieithu'n haws gydag ymarfer cyson.

2. Mae yma 500 o frawddegau ymarfer wedi eu trefnu mewn 26 o adrannau. Rhowch gynnig ar yr adrannau ymarfer fesul un. Cofiwch fod sawl 'ateb' yn bosibl i'r ymarferion hyn.

3. Mae 3 brawddeg gyntaf pob adran wedi eu cyfieithu ar ddiwedd y llyfr. Mae croeso i chi edrych ar y rhain cyn rhoi cynnig ar weddill y brawddegau i'w cyfieithu, er mwyn cael syniad o'r patrymau cyfieithu sydd dan sylw.

4. Byddai'n fuddiol troi at lyfr gramadeg addas wrth drafod yr ymarferion (mae rhestr ar ddiwedd y llyfr). Mae defnyddio gramadeg cywir, wrth gwrs, yn sylfaenol i bob cyfieithu, ond nid llyfr gramadeg yw hwn.

5. Ceir rhestr o 50 o'r gwallau cyfieithu mwyaf cyffredin. Ceisiwch ddeall pam cafodd y gwallau hyn eu gwneud. Gall y rhestr o wallau fod yn destun trafodaeth.

6. Mae yma hefyd 30 o ddarnau cyfieithu, rhwng 150 – 200 o eiriau o hyd, yn cynnwys nodiadau. Rhowch gynnig ar y darnau cyfieithu gan roi sylw i'r nodiadau, neu os ydych yn ddigon hyderus, anwybyddwch y nodiadau.

7. Daliwch ati. Fe welwch fod rhai ymarferion yn haws nag eraill. Os bydd rhai ychydig yn anodd wrth i chi gychwyn, ewch yn ôl atynt ar ôl i chi fagu profiad gydag eraill.

Mae rhyw chwe mil o ieithoedd yn y byd. Mae cannoedd o'r rhain mewn perygl. Mae llawer o ieithoedd heb gael eu hysgrifennu, a llawer yn cael eu siarad gan lond dwrn o bobl.

Mae'r Gymraeg ymhlith y 300 o ieithoedd mwyaf diogel. Un peth sydd wedi helpu'r iaith i fyw yw cyfieithu. Trwy gyfieithu, mae'r Gymraeg wedi bod yn rhan o newidiadau crefyddol, diwylliannol, athronyddol, gwyddonol a thechnolegol y canrifoedd diwethaf.

O ddyddiau Hywel Dda, pan oedd cyfreithiau'n cael eu cyfieithu rhwng y Gymraeg a'r Lladin, hyd at heddiw, mae cyfieithu wedi bod yn rhan annatod o fywyd ac o lenyddiaeth Cymru. Cafodd llawer o'n chwedlau cynnar eu cyfieithu, weithiau o'r Ffrangeg, bryd arall o'r Saesneg. Uchafbwynt cyfieithu i'r Gymraeg, mae'n debyg, oedd cyfieithu'r Beibl gan William Morgan yn 1588. Rhoddodd ei gyfieithiad ef sail i ysgrifennu yn y Gymraeg am bedair canrif. Dechreuwyd diwydiant cyhoeddi Cymraeg yn y cyfnod hwn a daeth Cymru'n un o genhedloedd llythrennog Ewrop.

Yn y bedwaredd ganrif ar bymtheg, cyfieithwyd llu o nofelau i'r Gymraeg o'r Saesneg, a chyfieithwyd cerddi i'r Gymraeg o nifer helaeth o ieithoedd Ewrop. Yn ystod oes aur cyhoeddi Cymraeg yn y 19eg ganrif, cafodd cannoedd o lyfrau Cymraeg eu cyhoeddi, ac roedd llawer o'r rhain wedi eu cyfieithu, neu'n cynnwys gwybodaeth a oedd wedi ei chywain o sawl rhan o'r byd.

Saesneg, ar y llaw arall, fu iaith llywodraeth a gweinyddiaeth yng Nghymru ers Deddf Uno 1536 am bedair canrif a hanner. Am bedair o'r canrifoedd hyn roedd y mwyafrif o'r Cymry'n uniaith Gymraeg. Pan oedd y llywodraeth am i'r Cymry ddeall pethau, roedd rhaid cyfieithu, ond yn aml byddai'r llywodraeth yn rheoli heb boeni nad oedd y Cymry'n deall. Daeth Saesneg wedyn yn brif iaith addysg ddyddiol yng Nghymru ers 1870.

Yn ystod yr ugeinfed ganrif y daeth cyfieithu'n fwyfwy pwysig i sawl agwedd ar fywyd Cymru. Wrth ddatblygu addysg Gymraeg, o ysgolion meithrin hyd at addysg uwch, daeth angen am ddeunyddiau yn y

Gymraeg ym mhob pwnc, ac er bod llawer o ddeunyddiau wedi eu cynhyrchu yn y Gymraeg, cyfieithwyd llawer hefyd.

Trwy ymdrechion amrywiol fudiadau daeth y Gymraeg yn iaith llywodraeth leol a chanol. Trwy Ddeddfau Iaith 1967 ac 1993, rhaid i gyrff cyhoeddus ddefnyddio'r Gymraeg. Gyda datblygu darlledu trwy'r Gymraeg, yn gyntaf ar y radio ac yna ar y teledu, ac wedi sefydlu S4C yn 1982, daeth angen i newyddion y byd gael ei gyfieithu i'r Gymraeg.

Erbyn heddiw mae cyfieithu wedi dod yn ddiwydiant yng Nghymru. Caiff trafodion y Cynulliad Cenedlaethol eu cyfieithu rhwng y Gymraeg a'r Saesneg; mae pob corff cyhoeddus yn defnyddio'r Gymraeg; mae nifer cynyddol o gyrff gwirfoddol a busnes yn defnyddio'r Gymraeg.

Fel y mae Gwlad Belg, Canada, Gwlad y Basgiaid a Catalwnia wedi datblygu'n wledydd sy'n defnyddio dwy iaith yn llwyddiannus, mae Cymru hefyd wedi llwyddo i wneud hyn.

Weithiau mae cyfieithiadau Cymraeg yn dda – mae'r Gymraeg mor naturiol fel nad ydych chi'n sylweddoli eich bod yn darllen cyfieithiad. Bryd arall mae'r cyfieithiad mor wael fel na allwch ei ddeall.

Y peth pwysig wrth gyfieithu yw na ddylai'r darllenydd wybod a yw'r darn y mae e'n ei ddarllen wedi ei gyfieithu. Nid yw cyfieithiad da'n digwydd ar hap. Y mae'n digwydd am fod cyfieithwyr yn ymwybodol o'r gwahaniaethau rhwng yr iaith ffynhonnell a'r iaith darged, ac yn addasu'r iaith yn briodol. Gall hyn olygu fod geiriad, ymadroddion, a chystrawen y cyfieithiad yn wahanol i'r iaith wreiddiol, ond bod yr ystyr yn aros.

Mae cyfieithu llenyddiaeth yn dipyn o gamp. Gyda barddoniaeth, mae'n beth da ceisio cadw at odlau, rhythm, sain a chyflethreniad y gwreiddiol yn ogystal â chadw at ystyr.

Wrth gyfieithu mae angen cael pedwar peth yn iawn:

1. Yr ystyr yn cyfateb i'r gwreiddiol.

2. Y gystrawen (patrwm brawddegau) yn addas i'r iaith y cyfieithir iddi.

3. Y cywair yn briodol i'r darn a gyfieithir, ac i'r gynulleidfa.

4. Gramadeg cywir.

Edrychwch ar y tair brawddeg hyn:

1. Ma'n nhw 'di ennill y gêm.

2. Maen nhw wedi ennill y gêm.

3. Y maent wedi ennill y gêm.

Mae'r frawddeg gyntaf mewn iaith lafar.

Mae'r ail mewn Cymraeg 'cyfoes'.

Mae'r drydedd mewn Cymraeg ffurfiol iawn.

Mae pob un o'r rhain yn iawn, a phan fyddwch chi'n cyfieithu, mae angen i chi ddewis i ba fath o Gymraeg rydych chi'n cyfieithu.

Fel arfer mae hyn yn dibynnu ar
- y deunydd rydych chi'n ei gyfieithu
- y gynulleidfa fydd yn darllen eich gwaith.

Beth sy'n addas i'w gyfieithu i iaith lafar?
Dyma rai enghreifftiau. Allwch chi feddwl am ragor? Allwch chi ddweud pam mae iaith lafar neu dafodiaith yn addas gyda'r canlynol?
- hysbysebion
- sgwrs mewn nofel neu ddrama
- llythyr personol neu gerdyn post

Beth sy'n addas i'w gyfieithu i Gymraeg cyfoes?
Dyma rai enghreifftiau. Allwch chi feddwl am ragor?
- taflenni i'r cyhoedd
- adroddiad papur newydd
- taflen gyfarwyddiadau
- nofelau
- taflen wybodaeth

Beth sy'n addas i'w gyfieithu i Gymraeg ffurfiol iawn?
Dyma rai enghreifftiau. Allwch chi feddwl am ragor?
- traethawd academaidd
- cyfreithiau
- adroddiad ariannol

Beth yw'r gwahaniaeth rhwng y rhain?
Allwch chi feddwl am ragor o enghreifftiau?
- mae iaith lafar neu dafodiaith yn addas ar gyfer ysgrifennu anffurfiol, personol, perswadiol
- mae iaith gyfoes yn addas i'r cyhoedd yn gyffredinol, i gyfleu gwybodaeth neu i ysgrifennu deunydd sy'n hawdd ei ddeall
- mae iaith ffurfiol iawn yn addas ar gyfer testunau arbenigol.

Fe gewch chi fwy o wybodaeth am y gwahanol fathau o Gymraeg yn:
Cyflwyno'r iaith lenyddol, Uned Iaith Genedlaethol Cymru, D.Brown, Y Bontfaen, 1978.
Modern Welsh, Gareth King, Routledge, Llundain, 1993.
Cymraeg, Cymrâg, Cymrêg, Beth Thomas a Peter Wynn Thomas, Gwasg Taf, Caerdydd, 1989.
Blas ar Iaith Cwmderi, Robyn Léwis, Gwasg Carreg Gwalch, 1993.

Beth ydych chi wedi'i sylwi am y gwahaniaethau rhwng y tri math o iaith? Mae ymarferion ar dudalen 17.

Mae ambell awgrym ar y dudalen nesaf.

Iaith lafar	Iaith gyfoes	Iaith ffurfiol iawn
ceson ni; ceson nhw; ceuson nhw Newid rhai llafariaid mewn berfau	*cawson ni; cawson nhw* Defnyddio'r rhagenw ar ôl y ferf	*cawsom; cawsant* Defnyddio 'm' ar ddiwedd ffurfiau berfol 1af lluosog ac 'nt' ar ddiwedd rhai 3ydd lluosog, a gollwng y rhagenw
ato fi; ato i Amrywio ffurfiau arddodiaid	*ata i* Gollwng cytsain olaf ffurfiau arddodiaid	*ataf* Defnyddio ffurf lawn arddodiad, heb angen nodi'r rhagenw
etho i; esh i Amrywio'r ffurf ferfol	*es i* Ffurf ferfol safonol gyda'r rhagenw	*euthum* Ffurf ferfol ffurfiol iawn, heb ragenw
lot Hawl i ddefnyddio benthyciadau o'r Saesneg	*llawer* Gwell defnyddio'r gair Cymraeg	*llawer* Rhaid defnyddio'r gair Cymraeg
tydw i ddim; smo fi Ffurfiau negyddol tafodieithol	*dydw i ddim; dwyf i ddim* Cychwyn y ferf â 'd'	*nid wyf* Cychwyn â 'nid'; gollwng y rhagenw
Be di'r pwynt? Tuedd i ollwng rhai llythrennau	*Beth yw'r pwynt?* Defnyddio ffurfiau heb eu cwtogi	*Pa beth ydyw'r pwynt?* Defnyddio pob elfen sy'n perthyn i ffurfiau
glywes i ddim Treiglad meddal i gyflwyno'r negyddol	*chlywes i ddim* Treiglad llaes i gyflwyno'r negyddol	*ni chlywais* Cychwyn â 'ni'; gollwng y rhagenw
ni wedi mynd Defnyddio ffurf lafar ar y ferf gwmpasog	*rydyn ni wedi mynd* Defnyddio ffurf safonol y ferf gwmpasog	*aethom* Tuedd i ddefnyddio ffurfiau cryno'r ferf
Ti 'di gweld y ffilm? Peidio defnyddio berf	*Wyt ti wedi gweld y ffilm?* Defnyddio berf safonol	*A wyt wedi gweld y ffilm?* Defnyddio geiryn gofynnol o flaen y ferf

I bwy rydych chi'n cyfieithu? Faint o Gymraeg sydd gan y rhai fydd yn darllen eich gwaith chi? Beth fydd lefel eu haddysg? Mae angen i'ch cyfieithiad fod yn ddealladwy – h.y. dylai'r bobl sy'n darllen eich gwaith allu ei ddeall yn hawdd.

Mae gwahanol ffactorau'n effeithio ar lefelau iaith:

Meddyliwch am effaith y ffactorau hyn ar lefelau iaith:
- siarad y Gymraeg gartref
- siarad y Gymraeg gyda chyfeillion
- darllen cylchgronau, papurau a llyfrau Cymraeg
- gwrando ar radio a gwylio teledu Cymraeg
- cymryd rhan mewn gweithgareddau Cymraeg, e.e. band roc, drama, côr, tîm chwaraeon Cymraeg
- byw mewn ardal Gymraeg
- cael addysg Gymraeg
- dysgu pynciau fel gwyddoniaeth a mathemateg trwy'r Gymraeg
- astudio Cymraeg fel pwnc

Meddyliwch am lefelau iaith (gallu ieithyddol) y canlynol:
- siopwr o ardal Seisnigedig heb Gymraeg gartref sydd wedi gadael yr ysgol yn un deg chwech oed, ond sydd wedi cael addysg Gymraeg
- ysgrifenyddes o ardal Gymraeg, ond sydd wedi cael addysg uwchradd yn bennaf trwy'r Saesneg
- person ifanc o ardal Gymraeg sydd wedi cael addysg Gymraeg, ac yn gweithio gyda T.G.
- mam-gu / nain sy'n siarad Cymraeg, ond heb gael addysg Gymraeg
- athro sydd wedi astudio Cymraeg yn y brifysgol

Os byddwch chi'n cyfieithu i'r cyhoedd, mae angen i bob un o'r rhain ddeall eich gwaith. Yn aml iawn, dim ond yr athro Cymraeg sy'n gallu deall erthyglau papurau newyddion, ffurflenni llywodraeth ac ati. Pam? Am fod y brawddegau'n hir, y gystrawen yn gymhleth, a'r eirfa a'r berfau'n anghyfarwydd.

Mae cyhoeddiadau Saesneg yn rhoi sylw i oed darllen eu deunydd. Mae'r *Times* yn addas i oed darllen 14-16. Mae'r *Sun* yn addas i oed darllen 11-13. Yn ystod un mis, mewn arolwg o gyhoeddiadau Cymraeg, cafwyd bod:

- prif erthyglau'r *Cymro* yn addas i oed darllen 17
- erthyglau golygyddol *Golwg* yn addas i oed darllen 18+
- erthyglau golygyddol *Barn* yn addas i oed darllen 20+.

Yn yr un modd ag y dylai ein papurau newyddion a'n cylchgronau gofio am eu darllenwyr, mae angen i gyfieithwyr wneud hynny hefyd.

Dylai cyfieithu i'r cyhoedd anelu at oed darllen rhwng 12-15. Mae modd gwneud hyn trwy gadw brawddegau'n fyr (dim mwy nag 20 gair), dewis geiriau byr, cyfarwydd (dim llawer o eiriau 3 sillaf neu fwy), a defnyddio ffurfiau berfol cyfarwydd. Wrth gyfieithu i'r cyhoedd, dylai eich Cymraeg fod yn weddol debyg i Gymraeg llafar safonol.

Os ydych chi'n cyfieithu i arbenigwyr, mae croeso i chi ddefnyddio Cymraeg ffurfiol iawn, a defnyddio brawddegau mwy cymhleth, a defnyddio ffurfiau berfol cryno.

PA MOR LLYTHRENNOL?

Un cwestiwn sy'n codi'n aml yw pa mor llythrennol y mae angen i'r cyfieithiad fod. Mae'r ateb yn gymhleth, ond yn gyffredinol yr angen yw cyfieithu'r ystyr yn hytrach na chyfieithu'r geiriau. Wedi dweud hynny, mae'r ateb i raddau'n dibynnu ar natur y darn gwreiddiol.

Mae darnau o ysgrifennu'n gallu bod yn rhai:

awdurdodol: testun lle y mae'n bwysig cadw at eiriad y gwreiddiol. Yn gyffredinol, po fwyaf 'awdurdodol' yw darn, agosaf oll y dylid cadw at eiriad y gwreiddiol. Wrth gyfieithu cyfreithiau, ysgrifau academaidd, ymchwil wyddonol a thestunau technegol eraill, mae angen ceisio cyfieithu'n fanwl gywir.

mynegiannol: ysgrifennu creadigol, lle y mae awdur yn ei fynegi ei hun. Mae angen cadw at naws, ystyr, ac efallai sain a rhythm y gwreiddiol, e.e. nofelau, barddoniaeth. Weithiau mae modd cyfieithu'n ddigon rhydd, e.e. wrth gyfieithu sgwrs mewn stori neu ddrama, lle y mae naws ac ystyr yn fwy pwysig na'r union eiriau.

sy'n cyfleu gwybodaeth: testun sydd am sicrhau bod y darllenydd yn deall y neges, e.e. cyfarwyddiadau, negeseuon, hysbysiadau, llythyrau. Gyda'r rhain, er bod angen cadw at neges y gwreiddiol, y peth pwysig yw bod y darllenydd yn deall y cyfarwyddiadau.

perswadiol: testun sydd am ddylanwadu ar y darllenydd, heb angen cadw at ddarlun neu eiriad y gwreiddiol, e.e. hysbysebion, taflenni. Po fwyaf 'perswadiol' yw darn, mwyaf rhydd y gall y cyfieithiad fod.

Mae angen cofio bod natur pob iaith yn wahanol, a bod rhyddid fel arfer i gyfieithu fesul cymal ystyr, yn hytrach na fesul cymal gramadegol.

Mae modd ystyried y continwwm canlynol wrth gyfieithu geiriau ac ymadroddion:

1. Cyfieithu llythrennol - lle mae un iaith yn cyfieithu'r llall mor agos at eiriad y gwreiddiol ag sy'n bosibl.

2. Cyfieithu cyfystyr – lle mae angen defnyddio geiriau neu ymadroddion cyfystyr yn hytrach na rhai 'llythrennol' am na fyddai'r rhai llythrennol yn addas. Mae hyn yn aml yn digwydd ar lefel geiriau unigol, e.e.

   The grass was green.
   > Roedd y borfa'n las.
   The lecture was tediously boring.
   > Roedd y ddarlith yn ddiddiwedd o hirwyntog.
   To cap it all, they won.
   > I goroni'r cyfan, fe enillon nhw.

   Gall hyn ddigwydd ar lefel ymadroddion, e.e.

   I remember it vaguely.
   > Mae gen i frith gof ohono.

3. Cyfieithu cyfatebol – lle mae angen defnyddio ymadroddion sy'n cyfateb o ran ystyr, gan amrywio, efallai, y cefndir diwylliannol, y sefyllfa, neu'r darlun, e.e.

   Paris was eighty kilometres away.
   > Roedd Paris hanner can milltir i ffwrdd.
   They had no more chance than a mule in the Grand National.
   > Doedd dim mwy o obaith ganddyn nhw na mochyn mewn lladd-dy.

4. Cyfieithu disgrifiadol – lle mae angen disgrifio neu ddiffinio'r hyn a gyfieithir yn lle cyfieithu er mwyn i'r darllenydd ddeall, e.e.

   He was elected to the Dail.
   > Cafodd ei ethol i senedd Iwerddon.
   I stayed in a gîte.
   > Fe arhosais i mewn tyddyn yn Ffrainc.

Rhowch gynnig ar drosi'r brawddegau hyn i
1. iaith lafar
2. iaith gyfoes
3. iaith ffurfiol iawn

Dyma enghraifft:
> *They came home late last night.*

iaith lafar: Dethon nhw gatre'n hwyr nithwr. / Deuthon nhw adra'n hwyr neithiwr.

iaith gyfoes: Daethon nhw adre'n hwyr neithiwr.

iaith ffurfiol iawn: Daethant adref yn hwyr neithiwr.

1. You have arrived too late.
2. I went to town yesterday.
3. We bought a lot of presents.
4. They were awfully expensive.
5. He paid for them all.
6. She met her friends in town.
7. They all spoke Welsh.
8. We had a good time.
9. I spent the day reading.
10. I'm looking forward to next weekend.

Mae amrywiadau mawr yn bosibl wrth gyfieithu idiomau i wahanol gyweiriau. Dyma enghraifft:

They gave up too soon.

iaith lafar: Rhoion nhw lan yn rhy glou. / Rhoeson nhw i fyny'n rhy fuan.

iaith gyfoes: Rhoddon nhw'r ffidil yn y to'n rhy gyflym.

iaith ffurfiol iawn: Rhoesant y gorau iddi'n rhy fuan.

Dyma ragor:

1. We sat up all night.
2. The bus was leaving at the break of dawn.
3. I was not in a good mood.
4. Things looked up when we reached Cardiff.
5. They looked really cool.
6. The show wasn't up to much.
7. We were all hot and bothered.
8. The price was up to them.
9. She got all she asked for.
10. His hopes went up in smoke.

Mae modd defnyddio 'up', 'down', 'off' ac 'in' ar ôl llawer o ferfau Saesneg. Weithiau maen nhw'n ychwanegu at ystyr y ferf. Weithiau dydyn nhw ddim yn ychwanegu fawr ddim at yr ystyr. Edrychwch ar y rhain:

to write up	- ysgrifennu
to write down	- ysgrifennu
to write off	- dileu

Mae 'off' yn gallu newid ystyr 'write' – sef gwneud i rywbeth golli ei holl werth. Nid yw 'up' a 'down' yn newid rhyw lawer ar ystyr 'write', ac weithiau nid yw 'off' yn newid ystyr 'write', ac os felly, cystal eu hanwybyddu wrth gyfieithu.

Cyfieithwch y berfau Saesneg hyn a'r brawddegau sy'n eu dilyn:

1. to light up – The whole town was lit up by the lightning.
2. to lie down – After winning the race she had to lie down.
3. to stand up – We had to stand up during the whole game.
4. to clean up – The students cleaned up the mess after the party.
5. to read out – The lecturer read the instructions out to the class.
6. to dry out – The clothes have at last dried out.
7. to colour in – After you have finished the picture, colour it in.
8. to finish off – Can you finish off the work today?
9. to start up – The company started up last year.
10. to start out – He started out as a salesman but finished up as a teacher.

Cyfieithwch y brawddegau hyn gan osgoi cyfieithu geiriau fel 'off', 'up', 'down':

1. We wrote it all down in the class.
2. After going home, we had to write it up.
3. To finish off the work, we had to draw up a plan.
4. When we had looked it up on the internet, we saw that we had mixed everything up.
5. We read up about it in the paper.
6. One of us put it off until next week.
7. She wanted to look up her aunt in town.
8. We washed up, and then settled down to watch a film.
9. The film wasn't up to much.
10. Tomorrow we'll have to think up another plan.

GOLLWNG ELFEN OND NEWID BERF

Weithiau pan fydd 'out', 'in', 'up' ac 'off' yn newid ystyr y ferf, byddwn ni yn eu gollwng, ac yn defnyddio berf wahanol. Meddyliwch am y rhain:

to put out (golau, tân) – diffodd
to give in – ildio
to give up – rhoi'r gorau (i)
to go out (golau, tân) – diffodd
to go off (llaeth) – suro
to work out (problem) – deall, datrys
to work out – ymarfer

to set up (cwmni) - sefydlu
to set off (ar daith) - cychwyn
to set off (tân gwyllt) - tanio, cynnau
to start up (peiriant) - tanio
to cover up - cuddio, celu
to write off - dileu

Cyfieithwch y canlynol:

1. They set up the company after working together for two years.
2. They covered up the debts for a while.
3. There were many problems to be worked out.
4. The man wanted to give up immediately.
5. She didn't want to give in before trying.
6. When we went we put the light out.
7. We set off on a long journey to the continent.

8. Unfortunately we couldn't start up the engine.
9. After two weeks the milk went off.
10. She went to a gym every morning to work out.

Mae'r Saesneg yn defnyddio 'get' yn aml iawn ac yn ychwanegu elfennau ar ei ôl i gyfleu gwahanol ystyron, e.e. *to get up, to get dressed, to get going, to get started, to get over.* Yn y Gymraeg, bydd berfenwau ac ymadroddion gwahanol yn cael eu defnyddio i gyfleu gwahanol ystyron 'get …' e.e. 'codi', 'gwisgo', 'cychwyn', 'gwella' ac ati.

Rhowch gynnig ar y rhain:

1. She's got a lot of clothes for the new baby.
2. She got them all from her sister, who's got four children.
3. She gets on well with her sister, but only after they were grown up.
4. When they get started, they never stop talking.
5. He took a long time to get over the death of his cat.
6. We're getting on with the work well, but it will take some time.
7. Get off the grass – it's just been planted.
8. When are we going to get together? It's been a long time.
9. She got home very late after a night in town.
10. I don't get it – it works now, but I didn't do anything.

NEWID Y DEFNYDD O'R FANNOD

Mae'r Gymraeg a'r Saesneg yn wahanol yn y ffordd y maen nhw'n defnyddio'r fannod. Mae bannod amhendant yn y Saesneg ('a') ond does dim un yn y Gymraeg.

Weithiau rydyn ni'n defnyddio'r fannod yn y Gymraeg lle nad yw'r Saesneg yn gwneud hyn. Mae hyn yn gallu digwydd gyda
- adegau'r flwyddyn,   *e.e. y Pasg, y Nadolig, yr haf*
- enwau gwledydd,   *e.e. yr Almaen, yr Aifft, yr Eidal*
- dulliau teithio,   *e.e. y car, y trên, y bws*
- adeiladau,   *e.e. y carchar, yr ysgol, y capel*
- teitlau pobl,   *e.e. yr Athro, yr Esgob, y canwr*

Edrychwch ar y rhain:

> *in town* – yn y dref
>
> *in bed* – yn y gwely
>
> *by bus* – gyda'r bws
>
> *in chapel* – yn y capel
>
> *singer David Jones* – David Jones y canwr

Cyfieithwch y brawddegau hyn:

1. Unfortunately my uncle is in prison.
2. He goes to chapel there every Sunday.
3. He went to school in Bala.
4. He'll be there for Easter.
5. He was a very important man in parliament.
6. My family went to Germany last year.
7. They heard about it by post.
8. My brother is in university there.
9. Professor Velschinaviek teaches Welsh there.
10. I'm looking forward to spending Christmas at work.

Rhowch gynnig eto:

1. In autumn I usually suffer from flu.
2. I like to spend winter in Italy.

3. I almost always go to church on Sundays.
4. I went to chapel because it was Whitsun.
5. They came by car, by bus and by train to the conference.
6. I sent a letter by post last year, but it did not arrive until this week.
7. I went to Germany over Christmas.
8. She goes to school in the morning, and to town in the afternoon.
9. This week, last week, last year? What does it matter?
10. We sent the letter by post.

AMRYWIO'R DEFNYDD O'R FANNOD

Weithiau rydyn ni'n defnyddio'r fannod lle mae'r Saesneg yn defnyddio bannod amhendant ('a'), e.e.

two miles an hour   dwy filltir yr awr

fifty pence a pound   pum deg ceiniog y pwys

Bryd arall, rydyn ni'n defnyddio'r fannod yn lle 'per' yn Saesneg, e.e.

three hundred pounds per head   tri chant punt y pen

23

Rhowch gynnig ar y rhain:

1. They cost two pounds a kilo.
2. How much per kilo are the apples?
3. Porridge is seventy pence a packet.
4. The wine is down to four pounds a bottle.
5. We're selling them for ten pounds per pair.
6. The apples cost one pound ten pence a kilo.
7. White bread costs ninety pence a loaf.
8. How much a packet are the crisps?
9. How much each are the oranges?
10. They're selling the books at two pounds a copy.

Dyma eraill:

1. Twenty per cent of the people of Wales speak Welsh.
2. 80% of those who speak Welsh in Gwent are under 15 years old.
3. There are more sheep than people per square mile in Gwynedd.
4. The UK spends more per capita on arms than any other European country.
5. Americans eat more burgers per person than Europeans.
6. How many tons of wheat can a farm produce per acre?
7. There are only 16 people per square mile in Chad.
8. The new aeroplane must travel at 170 miles per hour before starting to fly.
9. Members of Parliament earn around seventy thousand pounds per annum.
10. Wages per head in west Wales and the valleys are much lower than in south-east England.

Pan fydd un enw'n cael ei osod ar ôl un arall, mae'r ail elfen yn gallu perthyn i'r cyntaf, e.e.

> car y myfyriwr
> Prifysgol Cymru
> tîm Abertawe

Gyda'r ymadroddion hyn, byddai'r Saesneg wedi dechrau'r ymadrodd gyda'r fannod:

> *the student's car*
> *the University of Wales*
> *the Swansea team*

Os oes angen y fannod mewn ymadroddion o'r math yma, rydyn ni'n rhoi'r fannod ar ganol yr ymadrodd – nid ar ei gychwyn. Pan fydd y fannod yn digwydd ar gychwyn ymadrodd yn y Saesneg, ac eto ar ei ganol, dim ond yn y canol y bydd angen y fannod yn y Gymraeg.

> *the work of the class* – gwaith y dosbarth
> *the head of the college* – pennaeth y coleg

Rhowch gynnig ar y rhain:

1. The University of Glamorgan is in Pontypridd.
2. The head of the school studied there.
3. She was the captain of the hockey team.
4. They won the university shield.
5. Before long I'll sit the college examinations.
6. If I don't pass everything, I'll sit the rest of the subjects again.
7. I want to study the history of Wales.
8. I hope to learn about the country's past.
9. They can't speak the language of their country.
10. Welsh depends on incomers who are willing to use the language of the nation.

Rhowch gynnig eto:

1. The west of the country is very beautiful.
2. Visitors like to see the churches of Wales.
3. Many come to see the lakes of mid-Wales.
4. Most of these lakes were drowned to provide water for the cities of England.
5. Many visitors come from the west of England.
6. The rest of the country is more industrial.
7. More people speak Welsh in the south-west of Wales than in Gwynedd.
8. The people of Swansea enjoy the best beaches of Wales.
9. The highest mountains in Wales are in the north-west.
10. The homes of some villages are empty in winter.

LLUOSOG AC UNIGOL

Yn aml bydd y Gymraeg yn defnyddio ffurf luosog enw pan fydd y Saesneg yn defnyddio ffurf unigol. Lle mae enw unigol yn y Saesneg yn cael ei ddefnyddio'n ansoddeiriol y mae hyn i'w weld amlaf, e.e.

bookshop – siop lyfrau

Weithiau mae'r gwrthwyneb yn digwydd, a'r Gymraeg yn defnyddio'r unigol, e.e. *equal opportunities* - cyfle cyfartal.

Rhowch gynnig ar y rhain:

1. student village
2. consumer rights (consumer – **defnyddiwr**)
3. plate tectonics (tectonics – **tectoneg**)
4. cheque-book
5. picture gallery
6. bookbinder (binder – **rhwymwr**)
7. sheep farm
8. bus station
9. train timetable
10. dishwasher

Cyfieithwch y brawddegau hyn:

1. The students stayed in the student village during the first year.
2. In geography they studied plate tectonics.
3. The train station was an hour away.
4. My family works on a sheep farm.
5. I had left my cheque-book at home.
6. My mother put it in the dishwasher.
7. She did not know much about consumer rights.
8. I'm looking forward to going to see a fish farm.
9. There's a train at ten according to the train timetable.
10. Unfortunately the timetable was three months out of date.

Rhowch gynnig eto:

1. The students don't work in the holiday.
2. Only a few have ever been in a bookshop.
3. The film festival is more popular than the book festival.
4. Why does the Welsh Books Council translate 'The World Book Day' as 'Diwrnod y Llyfr'?
5. There are few opportunities to study Japanese in the school.
6. Many don't eat breakfast, but they like afternoon teas.
7. There were different kinds of breads, cheeses and beers on the table.
8. The library has started a record and CD section.
9. They are studying on a design and graphics course.
10. There are great differences between the school and college systems.

Gyda'r geiriau canlynol, mae'n ddigon arferol cael enw unigol Cymraeg yn lle un lluosog yn y Saesneg:

views – barn	*ages* – oes
opportunities – cyfle	*responsibilities* – cyfrifoldeb
services – gwasanaeth	*works* – gwaith
benefits – budd	*numbers* – nifer
profits – elw	*products* – cynnyrch

Rhowch gynnig ar y rhain:

1. The Chairman of the Directors made his views known.
2. The opportunities facing workers were now immense.
3. Some companies were offering their services free.
4. There were great benefits to be gained by working for yourself.
5. The profits this year were greater than ever.
6. They had been waiting for ages for the good news.
7. The director had not shouldered his responsibilities.
8. He wanted to leave the works in a good condition when he finished.
9. The numbers of workers decreased from year to year.
10. The company's products still sell well.

Mae dewis geiriau'n gallu bod yn broblem wirioneddol wrth gyfieithu. Er bod geiriau gwahanol ieithoedd yn gallu cyfateb i'w gilydd ar lefel arwynebol, mae cwmpas cysylltiadau geiriau, ynghyd â chwmpas eu hystyron, yn gallu bod yn dra gwahanol. Meddyliwch am funud am 'bwrdd' a 'table'. Maen nhw'n debyg ar yr olwg gyntaf, ond sut gallwch chi esbonio'r canlynol:

> *multiplication table* – tabl lluosi
> *to table a motion* – cofrestru cynnig

> *bwrdd arholi* – examination board
> *ar fwrdd y llong* – on the ship's deck
> *bwrdd syrffio* – surf board

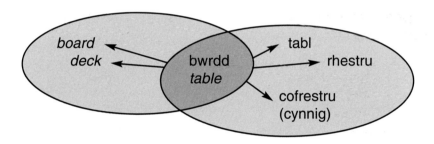

Mae'r ystyr yn gallu newid yn ôl y rhan ymadrodd, ac yn ôl yr idiom, a'r cyd-destun. Weithiau, i ddod o hyd i'r gair iawn, mae rhaid defnyddio geiriadur yn ofalus iawn. Defnyddiwch eiriadur i gyfieithu'r brawddegau hyn:

Cover
Dyma rai posibiliadau: gorchuddio, ymwneud â, ar ran, dros, llen, yswiriant, clawr, ymdrin â, lloches, yn llawn.

1. His work covers mid and north Wales.
2. Will you cover for me tomorrow?
3. She put a cover over the plants in winter.
4. I sent the bill with a covering letter.
5. They came under cover of darkness.
6. After I crashed, I realised that I had no cover.

7. The book is less exciting than its cover.
8. His talk covered many topics.
9. They ran for cover from the rain.
10. Her dress was covered in mud.

Class
Dyma rai posibiliadau: dosbarth, dosbarthu, safon, gwers, ansawdd.

1. They wanted to climb to a higher social class.
2. Their worked clearly showed their class.
3. She obtained a first class degree.
4. They were not sure if they were in the right class.
5. In which order should we classify the books?
6. The information, I'm afraid, is classified.
7. There was a touch of class about her.
8. In the index, this is classed under 'history'.
9. The first class discussed the influence of Saunders Lewis.
10. It was a first class production.

Book
Dyma rai posibiliadau: llyfr, cadw lle, archebu, cyhuddo, bwcio, tocyn, testun, enw yn y llyfr, rheolau.

1. He read the book from cover to cover.
2. She wanted to book a seat to see the film.
3. When they returned, they saw that they had been booked for parking.
4. Have you booked your holiday for this summer?
5. When we went to book a place in the hotel, it was already full.
6. The show's book was written by the producer.
7. If you don't book your place on the bus, it will go without you.
8. The player was booked for the second time, and was then sent off.
9. We saw the Book of Kells in the museum in Dublin.
10. She played the game according to the book.

Time

Dyma rai posibiliadau: amser, amseru, cyfnod, cam, pwynt, tro, o'r gloch, hyn o bryd, adeg.

1. The first time I saw you, I knew I was in love.
2. At what time should we meet tomorrow?
3. At this moment in time, we have no choice.
4. He lived during the time of the Romans, I believe.
5. There was a time when I could take a risk.
6. Whatever you think, your time will come.
7. It's high time for us to think about getting married.
8. We will have to time how long it takes us to get to church.
9. I'm afraid that my sister is doing time in prison.
10. I thought at one time that I would not have any luck.

ELFENNAU NAD OES ANGEN EU CYFIEITHU

Mae nifer o elfennau y mae'n haws peidio â'u cyfieithu, er y byddai modd gwneud hynny.

Just a moment, I was just thinking......

• Mae '**just**' yn cael ei ddefnyddio'n aml yn Saesneg i bwysleisio bod rhywbeth yn syml i'w wneud. Mae cyfieithu 'just' yn gallu bod yn gymhleth, a chystal ei ollwng.

They had just finished the work.

Roedden nhw newydd orffen y gwaith.

Just do it.

Gwnewch e.

• Pan nad yw '**both**' yn golygu 'dau', gall roi ychydig bwyslais ar ddwy elfen, ond heb ychwanegu at yr ystyr. Gellir defnyddio 'ill dau', ond weithiau mae'n haws ei ollwng.

Both you and I could go to both the game and the film......

I spoke to both of them

Siaradais â'r ddau ohonoyn nhw.

Both teams lost.

Collodd y ddau dîm.

Both Mair and Ann went.

Aeth Mair ac Ann.

Please come in... fill the form please... next please...

• Mae '**please**' yn gallu ychwanegu at gwrteisi cais, gall 'os gwelwch yn dda' fod yn drwsgl. Gall ychwanegu 'diolch' ar ddiwedd cais roi'r un cwrteisi, neu ddefnyddio'r cwestiwn 'A wnewch chi?'

Sing it, please.

Canwch e, os gwelwch yn dda.

Please go to the till.

Ewch i'r man talu.

- Pan fydd adferf a berf yn y Saesneg, neu ddwy elfen yn cynnig un syniad ansoddeiriol, gall fod yn haws gollwng un o'r elfennau, neu gyfleu'r ddwy elfen trwy ddefnyddio un ansoddair gwahanol.

It's a long established company.	Mae'n hen gwmni.
It's a newly drawn plan.	Mae'n gynllun newydd.
That is far-fetched.	Mae hynny'n anghredadwy.

- Osgowch 'the fact that' wrth gyfieithu. Fel arfer mae modd mynd yn syth i'r cymal enwol.

They had to consider the fact that the team had lost.
Roedd rhaid iddyn nhw gofio bod y tîm wedi colli.

Mae modd osgoi cyfieithu 'not only… but also' trwy ddefnyddio 'a', oni bai bod angen penodol i roi pwyslais.

They not only had a sister but also a brother.
Roedd ganddyn nhw chwaer a brawd.

Rhowch gynnig ar y rhain:
Ceisiwch ollwng rai elfennau yn y rhain.

1. I just happened to be there.
2. Just a drink will do, I don't want to eat.
3. Will you just be quiet?
4. Please forward the form to the main office.
5. Both the secretary and the manager made a mistake.
6. Just fill it in and send it to us.
7. Please come in – we're glad to see you.
8. Both parents and children enjoyed themselves.
9. Both England and Wales could have won the game.
10. At the end of the game they were both exhausted and glad.

Ceisiwch osgoi 'the fact that' gyda'r rhain:

1. The reason for the failure lies in the fact that the instructions were not properly carried out.
2. You must take into consideration the fact that he is no longer young.
3. You must not overlook the fact that the war was lost.

4. The real difference lay in the fact that Europeans were disappointed about the Americans' attitude towards the Third World.
5. The fact that more had voted for them was crucial.

Gyda'r canlynol, ceisiwch ddefnyddio ansoddeiriau tebyg i: pellennig, eang, heddychol:

6. The British Empire ruled some of the most far-flung corners of the globe.
7. The effects of the Empire were very far-reaching.
8. The news was long-awaited.
9. Everyone knew that the Empire was not really a peace-loving one.
10. The idea that they were unselfish was far-fetched.

Yn aml mae'n addas newid brawddeg gadarnhaol yn un negyddol, neu fel arall. Weithiau mae'r Saesneg yn hoff o negyddu'r ferf a defnyddio ansoddair 'negyddol', lle byddai'r Gymraeg yn defnyddio berf gadarnhaol, e.e.

> *I didn't think it was inappropriate.*   > Roeddwn i'n credu ei fod yn addas.

Wrth gyfieithu 'only' mae'r Gymraeg fel arfer yn defnyddio cystrawen negyddol, e.e.

> *There was only one woman there.*   > Nid oedd ond un fenyw yno.

Rhowch gynnig ar y rhain:

1. They only had two pints of beer on the table.
2. She wasn't a very pleasant woman.
3. The film was not at all unpleasant.
4. We only saw six wild animals in the zoo.
5. She isn't the most inefficient of secretaries.
6. The tickets weren't inexpensive.
7. From an early age, one could see that she did not possess much strength.
8. She was not uninterested in the subject.
9. We only ate one apple.
10. We'll only see a part of the moon tonight.

Mae angen bod yn ofalus weithiau wrth gyfieithu amser y ferf. Mae hyn yn arbennig o wir wrth ddewis rhwng y gorffennol a'r amherffaith (neu'r amhenodol fel y'i gelwir gan rai gramadegwyr). Yn y Saesneg gall y gorffennol fynegi'r ddau amser:

They looked at the girl.	Edrychon nhw ar y ferch.
They looked beautiful.	Roedden nhw'n edrych yn brydferth.
They walked home.	Cerddon nhw adre.
They walked home each day.	Cerdden nhw adre bob dydd.
	Bydden nhw'n cerdded adre bob dydd.

Rhowch gynnig ar y rhain, gan roi sylw i amser y ferf:

1. They danced all night, or at least until two in the morning.
2. She danced every Saturday night during winter.
3. They played the same record each night.
4. The girls went home in a taxi, but it was dangerous.
5. When they went out, they would always arrange a babysitter.
6. We saw the band in the club, but they didn't recognize us.
7. We saw them every Saturday for a year but only from the dance floor.
8. He drank his first pint when he was eighteen – so he said.
9. He drank orange juice every time he went out from then on.
10. She played the guitar beautifully.

CYFLWYNO BERF '-*ING*'

Weithiau bydd y Saesneg yn cyflwyno ail weithred mewn brawddeg trwy roi '-*ing*' ar ôl berf, e.e.

They went home singing.   > Aethon nhw adre dan ganu.

We listened, hiding behind the door. > Gwrandawon ni, tra'n cuddio
                                                 tu ôl i'r drws.

We slept, dreaming about the day.   > Cysgon ni, gan freuddwydio am
                                                 y diwrnod.

Yn y Gymraeg, bydd angen ychwanegu 'gan' neu 'wrth' os yw'r weithred yn cyd-ddigwydd, 'dan' os yw'n cyflwyno cyflwr y brif weithred, 'tra' os yw'n cyflwyno cyflwr pan ddigwydd y brif weithred.

Cyfieithwch y rhain:

1. He jumped from the stage, smiling heartily.
2. He walked to work, singing.
3. Running as fast as he could, he quickly disappeared.
4. Walking in the park, she saw a squirrel.
5. She stopped at the door, ringing the bell.
6. Realising that something was wrong, she called the police.
7. He stayed there for a week, working hard.
8. She shouted loudly, swinging her arms in the air.
9. "I'll have to leave," she said, thinking aloud.
10. He walked past us, pretending not to see.

TROI BERF '-*ING*' YN FERFENW

Mae'r Saesneg yn gallu rhoi '-*ing*' ar ôl berf i'w throi'n enw. Mae'r berfenw yn y Gymraeg yn gwneud y gwaith hwn, e.e.

    the bombing   y bomio

Weithiau byddwn yn defnyddio enw yn lle berfenw, os oes un addas.

Cyfieithwch y rhain:

1. After waiting for so long, they enjoyed the singing.
2. The difficult part was the drinking and the eating afterwards.

3. Everything is over except the shouting.
4. After months of preparing, the hotel was ready.
5. The fighting was over, but the war was not.
6. The bombing had continued for a week.
7. After weeks of questioning, she was released.
8. There was little left to do except waiting.
9. Hunting has been discussed widely in parliament.
10. Healing was an important part of his work.

DEWIS ANSODDEIRIAU

Weithiau, nid yw ansoddeiriau un iaith yn cyfieithu'n llythrennol i iaith arall. Hyd yn oed gydag ansoddeiriau cymharol gyffredin, mae anawsterau'n gallu codi. Chwiliwch am ansoddeiriau y rhain: mae'n bosibl iawn na fydd modd cael gair Cymraeg gwahanol am bob un – defnyddiwch eiriadur!

mellow – smooth - ripe – mature
serene - tranquil – peaceful – calm
giddy – frivolous – light-headed – faint
embarrassing – upsetting – uneasy – awkward
amazing – remarkable – mind-boggling – staggering
cool – chilly – nippy – cold
ignorant – inconsiderate – rude – bad-mannered
lovely – charming – delightful – good-looking
thrilling – moving – electrifying – exciting
relaxing – cosy – contented – homely

Dyma ragor i chi bendroni drostyn nhw:

haunted – anxious – disturbed – eerie
false – ficticious – bogus – insincere
genuine – authentic – valid – real
valuable – beneficial – worthwhile – indispensable
beloved – valued – treasured – cherished
tender – warm-hearted – loving – affectionate
extensive – widespread – massive – huge
substantial – considerable – significant – ample
disgusting – revolting – sordid – sickening
mortal – lethal – fatal – deadly

Rhowch gynnig ar y brawddegau hyn:

1. The balmy days of summer usually ended in cool evenings.
2. They lived in a remote and desolate part of the county.
3. The mountains were wild and barren.
4. In spite of the grim weather, she enjoyed the bleak landscape.
5. She didn't know if the flowers were rare or just unusual.
6. The area had many ancient and historical buildings.

7. In the tranquil countryside, the sound of the cars was deafening.
8. After an arduous day's work, she looked forward to a relaxing bath.
9. The local tavern was full of raucous young people.
10. They were celebrating the end of another meaningless week.

CRYFHAU ANSODDEIRIAU

Lle mae'r Saesneg yn gallu rhoi adferf o flaen ansoddair,
e.e. *awfully long*, mae'r Gymraeg yn cysylltu dau ansoddair ag 'o':
ofnadwy o hir. Byddai modd rhoi'r elfen gyntaf yn ail, heb ddefnyddio
'o': hir ofnadwy.

Rhowch gynnig ar y rhain:
1. Their examination was extremely difficult.
2. The first question was exceedingly boring.
3. The last extremely long question was not too easy.
4. Mary was particularly glad that there was no question on King James I.
5. Her answer to the last question was tremendously long.
6. She was really tired at the end.
7. Their performance was vastly better this time.
8. When they passed they were extraordinarily happy.
9. Their parents were immensely proud.
10. They were at the same time greatly surprised.

Yn aml bydd ychwanegu adferf cyn yr ansoddair yn cyfrannu mwy at yr
ystyr na chryfhau yn unig. Weithiau bydd angen rhannu'r ddwy elfen,
e.e.

    They were justifiably proud   > Roedd ganddynt gyfiawnhad
                                                 dros deimlo'n falch.

  Weithiau mae modd defnyddio enw ar ôl 'o ran', e.e.

    She was mentally stronger.   > Roedd hi'n gryfach o ran
                                                 meddwl.

Rhowch gynnig ar y rhain:

1. He was getting noticably weaker.
2. She was physically weak, but mentally strong.
3. She had been unnecessarily cautious.
4. They had a reasonably good time.
5. They arrived home to a understandably warm welcome.
6. Their situation was morally better but economically weaker.
7. He waited for an unreasonably long time.
8. The car was mechanically roadworthy.
9. The night was getting increasingly dark.
10. The price was unjustifiably high.

ANSODDEIRIAU wedi eu ffurfio o ferfau:

cyfieithu '-*ING*', '-*ED*', '-*ABLE*', '-*IBLE*'

Yn aml mae ansoddeiriau yn y Saesneg yn cael eu ffurfio o ferfau.

-*ing*: Yn aml byddwn yn ychwanegu terfyniad ansoddeiriol (e.e. '-ol', '-us', '-gar' at fôn y ferf, e.e.

increasing – cynyddol

forgiving – maddeugar

Weithiau mae'n anodd dod o hyd i ansoddair sy'n cyfateb i lawer o'r ansoddeiriau hyn, ac mae'n well defnyddio is-gymal, e.e.

smiling – sy'n gwenu

approaching – sy'n agosáu

Weithiau mae'n well defnyddio cyfuniad arall o elfennau, e.e.

Did you see the ruined castle?   > A welsoch chi adfeilion y castell?

Dyma ddeg brawddeg yn cynnwys '-*ing*':
Cofiwch na fydd modd defnyddio ansoddair bob tro, a bod modd defnyddio berfenwau, neu ferfenwau ar ôl 'yn', e.e.

shining > yn disgleirio.

1. She woke up to see the shining sun.
2. After breakfast, there were the usual house-cleaning duties.
3. Before long she enjoyed an invigorating cup of coffee.
4. She had looked forward to an exciting afternoon with her friend.
5. Unfortunately the changing weather conditions made this impossible.
6. The darkening clouds were very menacing.
7. The storm continued for an hour with varying intensity.
8. They decided to go on the trip the following morning.
9. Her husband returned with an agonising look on his face.
10. The departing boss had not given him his job.

-*ed*: Weithiau byddwn yn rhoi'r terfyniad '-edig' ar fôn y ferf, e.e.

finished – gorffenedig

Yn aml fydd hyn ddim yn bosibl, a bydd angen defnyddio is-gymal, e.e.

the cooked food – y bwyd a gafodd ei goginio

Rhowch gynnig ar y rhain:

1. Did you visit the drowned valley?
2. Was the car alarmed?
3. She ate the cooked meat, but not the uncooked meat.
4. Was it a scheduled flight?
5. We saw the tomb of the forgotten soldiers.
6. The vacated town is now full of people.
7. She had bought a jug made of cut glass.
8. Did you see the face of the defeated candidate?
9. They had dug up many buried gravestones.
10. They sang the music of a vanished people.

-able /-ible: Byddwn yn aml yn rhoi'r terfyniad '-adwy' ar fôn y ferf, e.e.

visible – gweladwy

dependable –– dibynadwy

Bryd arall, bydd angen meddwl am ansoddair arall, e.e.

it was very pleasurable > roedd yn bleserus iawn

changeable weather > tywydd cyfnewidiol

Weithiau bydd angen defnyddio is-gymal, e.e.

the permissible alcohol limit > y swm o alcohol y mae hawl ei
yfed

Dyma ddeg brawddeg yn cynnwys '*able*' neu '*ible*':
Efallai y bydd modd i chi ddefnyddio rhai o'r ansoddeiriau hyn:
dymunol, hoffus, heintus, pleserus, gwerthfawr, atgas.
Efallai y bydd angen i chi ffurfio is-gymalau.

1. They were an amiable, almost adorable group of children.
2. The plans for the visit were very adaptable.
3. The mother hoped they were all wearing washable clothes.
4. Unfortunately one of them had a communicable disease.
5. It was not permissible for her to stay.
6. The others had a very enjoyable time in Wales.
7. We had prepared a palatable meal for them.

8. On the last day they saw the valuable collection in the museum.
9. Some of our pupils, unfortunately, were detestable.
10. On the whole the trip was an unquestionable success.

ADFERF AC ANSODDAIR

Mae'r Saesneg yn gallu gosod adferf o flaen ansoddair yn hwylus, ond fel arfer nid yw hyn yn bosibl yn y Gymraeg, e.e.

the narrowly won game > y gêm a enillwyd o drwch blewyn

Wrth gyfieithu cyfuniadau fel hyn, mae'n hwylus i ni ddefnyddio is-gymal perthynol, os nad oes modd defnyddio un ansoddair i gyfleu'r syniad, e.e.

The newly built town is far more affluent than the rest of the country.

Mae'r dref newydd yn llawer mwy cyfoethog na gweddill y wlad.

neu

Mae'r dref sydd newydd ei hadeiladu'n llawer mwy cyfoethog na gweddill y wlad.

Weithiau bydd angen defnyddio cyfuniad gwahanol o eiriau, e.e. ansoddair + 'eu' + enw

prettily dressed girls > merched prydferth eu gwisg

Rhowch gynnig ar y rhain:
Bydd angen defnyddio is-gymalau perthynol i gyfieithu'r rhan fwyaf o'r ymadroddion, e.e.
nationally organised – a gafodd eu trefnu'n genedlaethol

1. Were there gangs of nationally organised thieves operating in the town centre?
2. The choir gave a beautifully accomplished rendering of Finlandia.
3. The finely tuned violin was nevertheless poorly played.
4. The newly composed opera was fairly well sung.

5. Have you read the recently published book on Welsh composers?
6. We went down the river on a poorly built raft.
7. The carefully set alarm clock must have been awfully silent.
8. The unbelievably disorganised choir managed to finish each song.
9. He continued shaving in a pleasurably leisurely manner.
10. The other increasingly impatient travellers became agitated.

CYFIEITHU ARDDODIAID

Un o'r pethau mwyaf anodd wrth gyfieithu yw defnyddio'r arddodiad cywir.

Mae llawer iawn o ferfau'n cael eu dilyn gan arddodiad penodol. Rhowch gynnig ar y rhain:

to add to	to get hold of	to shout at
to agree with	to listen to	to succeed to
to appeal to	to long for	to talk to
to ask for	to notice	to teach to
to be kind to	to play for	to tell
to be surprised at	to pray for	to worry about
to fight with	to pretend	to write to

Defnyddiwch 'am' wrth gyfieithu arddodiad yn y brawddegau hyn:

1. She put a scarf around her head before leaving.
2. It's looking like rain today, although the forecast said it would be sunny.
3. They were so poor, they had no shoes on their feet.
4. They were worried about the state of the country.
5. She longed for her homeland.
6. She laughed at her sister's clothes.
7. Will you look after them tomorrow?
8. He told them to come back the next day.
9. I'm not worried about my hair any more.
10. They stayed for a very long time.

Mae angen defnyddio 'â' ar ôl nifer o ferfau, ac i fynegi 'trwy ddefnyddio'; rydyn ni'n defnyddio 'gyda' i nodi yng nghwmni, ac mewn nifer o ymadroddion amser ac agwedd.

Dewiswch 'â' neu 'gyda' yn y brawddegau hyn:

1. When they touched the picture, the alarms went off.
2. It was painted with a knife, not with a brush.
3. In the foreground a mother was walking with her child.
4. They were leaving their home, which was in the background.
5. By the way, did you see the painting by Evan Walters?

6. It showed collecting cockles at dawn, or perhaps in the evening.
7. Have you brought a friend or have you come with a friend?
8. Have you seen 'From Russia with Love'?
9. Don't laugh – I saw it ten times with my girlfriend.
10. Shall we go to see it together?

Mae'r Gymraeg yn defnyddio 'i' yn wahanol i'r Saesneg. Gan amlaf, does dim angen defnyddio 'i' o flaen berfenw, ac eithrio ar ôl rhai berfau, fel llwyddo, helpu, cytuno, a dal. Lle mae'r Saesneg yn gallu defnyddio dau wrthrych heb 'to', rhaid i'r Gymraeg ddefnyddio 'i' i nodi'r derbynnydd, e.e.

Give the girl a present > Rhowch anrheg i'r ferch.

1. To be, or not to be is a question which Shakespeare asked.
2. It was difficult to hear the play because we were outside.
3. I wanted to thank them for the present.
4. I've let them do the work.
5. They did it for me, in order to get more money.
6. It was high time for them to think about their responsibilities.
7. She ordered me to come home early.
8. She wanted to show me her pictures.
9. They managed to finish the work in time.
10. Have they ever taught you anything?

Dewiswch rhwng 'i' ac 'at' wrth gyfieithu'r canlynol. Cofiwch, fel arfer, eich bod yn anfon rhywbeth at berson, ond i le.

1. I was surprised at their stubbornness.
2. The book should be returned to the library as soon as possible.
3. As they approached the library, they saw it was closed.
4. They went to the library but they had forgotten the books.
5. She contributes every Sunday to the chapel.
6. She has sent a letter to the chief librarian.
7. Should she have sent the letter to the council?
8. Does a holiday in Greece appeal to you?
9. I've written to the BBC to complain about the programme.
10. They want to return to the good old days.

Rydyn ni'n defnyddio 'yn' pan fydd yr ymadrodd sy'n dilyn 'yn' yn bendant, e.e.

y fannod	yn y wlad
pob	ym mhob gwlad
ymadrodd sy'n cynnwys enw pendant	
	yng ngwlad yr Indiaid
enw priod	yng Nghymru
pa	ym mha wlad
pwy	ym mhwy y gallwn ymddiried?

Rydyn ni'n defnyddio 'mewn' pan fydd yr ymadrodd sy'n dilyn yn amhendant, e.e.

enw	mewn gwlad
rhai	mewn rhai gwledydd
rhyw	mewn rhyw wlad
berfenw	credu mewn gwladychu

Mae rhai eithriadau:

in hell	yn uffern
in God	yn Nuw

Rydyn ni'n defnyddio 'yn' o flaen rhai enwau cyfansawdd, e.e.

somewhere	yn rhywle
nowhere	yn unman

Rydyn ni'n defnyddio 'yn' o flaen 'rhai o', e.e.

in some of the glasses	yn rhai o'r gwydrau

Cyfieithwch y rhain gan ddefnyddio '<u>yn</u>' neu '<u>mewn</u>':

1. He spent a lot of time in prison.
2. I read about it in some paper or other.
3. Her mother-in-law was at fault.
4. He would have been jailed for life in some countries.
5. Do you believe in hanging?
6. Drinking and driving is illegal in every country in Europe.

7. In which country is he on tour?
8. I've seen him somewhere before.
9. You can drink until dawn in some pubs in west Wales.
10. They stayed in some of the most expensive hotels.

Mae gan 'ar' sawl ystyr, ac mae'n cael ei ddefnyddio'n aml mewn ymadroddion, e.e.

> *I'm thirsty* > mae syched arna i.

Cyfieithwch y rhain gan ddefnyddio '<u>ar</u>':

Gall y rhain fod yn ddefnyddiol: mae arna i – *I owe*; ar fin; blino ar; dylanwadu ar; sylwi ar; chwant bwyd ar; eisiau ar; rhoi'r bai ar; cymryd ar; syllu ar; clefyd ar.

1. Thanks for the meal – we owe you a drink.
2. We were about to go out, but you've come in time.
3. I'm fed up of going out every night.
4. I think my wife is starting to influence me.
5. Have you noticed the new restaurant in town?
6. Do you feel hungry? I want a decent meal.
7. They didn't attract many customers – they blamed the high prices.
8. We pretended that we weren't hungry.
9. Are you staring at me?
10. I've got spots because I have measles.

Yn aml yn Saesneg mae'r gwrthrych yn cael ei roi yn gyntaf, a'r goddrych yn cael ei nodi ar ôl 'by'. Yn aml yn y Gymraeg, rydyn ni'n gallu cyfieithu'r brawddegau hyn gan nodi'r goddrych yn gyntaf, ac osgoi defnyddio 'gan', e.e.

> They were seen by the > Gwelodd ditectif y siop nhw.
> store detective.

Ffordd arall o ddweud hyn yw bod y Saesneg ar y cyfan yn fwy tueddol o ddweud bod rhywbeth yn cael ei wneud gan rywun. Mae'r Gymraeg yn fwy tueddol o ddweud bod rhywun yn gwneud rhywbeth.

Cyfieithwch y brawddegau hyn, gan osgoi defnyddio 'gan':

1. They were visited by the chief inspector.
2. The town is bisected by the river.
3. The river was crossed by a very large wooden bridge.
4. The castle was built by the Normans.
5. A book on the castle was written by a well-known author.
6. The book was enveloped in a large piece of paper.
7. This picture was painted by Kyffin Williams.
8. The car and the lorry were involved in an accident.
9. The programme is aimed at increasing the number of learners.
10. The Assembly is seen by many to be powerless.

Rhowch gynnig eto ar y rhain:

1. The hockey game was won by the girls in the sixth form college.
2. The team's clothes had been bought by their new sponsor.
3. The last goal was scored by Miranda.
4. The sixth form team was beaten by a team of younger girls.
5. When Anthea ran at the goal, she was struck by Hilary's hockey stick.
6. She had to be revived by the teacher.
7. Unfortunately she had to be taken to hospital by ambulance.
8. She was seen immediately by a doctor.
9. She was visited the next day by her mother.
10. After one day in hospital she was taken home in a car by her sister.

Mae'r Gymraeg yn achosi problemau pan fyddwn ni'n ceisio cyfieithu berf oddefol, gan ddefnyddio 'cael', lle mae arddodiad yn glwm wrth y ferf, e.e. *to contact* - cysylltu â

They were contacted by the police.

Allwch chi ddim dweud: 'Cawson nhw eu cysylltu gan yr heddlu', na 'roedden nhw wedi cael eu cysylltu gan yr heddlu' am fod rhaid defnyddio 'cysylltu â'.

Bydd angen i chi ddweud
'Cysylltodd yr heddlu â nhw' neu 'Cysylltwyd â nhw gan yr heddlu'.

Dyma rai berfau sy'n cael eu dilyn gan arddodiad:

ymweld â	addo i
dweud wrth	cyfarfod â
siarad â	cwrdd â
gwrando ar	gweiddi ar
diolch i	ymosod ar

Rhowch gynnig ar y rhain:

1. They were visited by their parents after the accident.
2. She was told to drive more carefully.
3. Sabrina was talked to by the police.
4. We were listened to carefully for an hour.
5. Rajid was thanked for showing such patience.
6. They were promised by the police that an investigation would take place.
7. We will be met by the detective at the station.
8. They were shouted at because they had refused to answer.
9. Harold said that he had been attacked by one of the officers.
10. Eventually they were listened to by the magistrates.

Mae'r Saesneg yn fwy tueddol na'r Gymraeg o ddefnyddio enwau haniaethol. Yn y Gymraeg, byddwn ni'n aml yn defnyddio ansoddeiriau neu ferfenwau wrth gyfieithu'r enwau haniaethol hyn, e.e.

After receiving the news they were full of happiness.

> Ar ôl cael y newyddion roedden nhw'n hapus dros ben.

Cyfieithwch y brawddegau hyn gan osgoi defnyddio enwau haniaethol:

Gallwch ddefnyddio berfenwau, berfau neu ansoddeiriau, efallai, yn lle enwau haniaethol.

1. The governors met to discuss the <u>appointment</u> of staff.
2. The headteacher felt a little <u>sadness</u> because the Welsh teacher was leaving.
3. She had always been full of <u>enthusiasm</u>.
4. Even the pupils had shown <u>respect</u> for her.
5. The governors had wanted to see a <u>continuation</u> in her work.
6. Because of the <u>lateness</u> of the hour, they decided to meet again.
7. There was considerable <u>happiness</u> after their decision.
8. There was <u>nervousness</u> among the candidates.
9. One candidate was delighted after her <u>success</u>.
10. One of the others felt <u>disappointment</u> after his failure.

Yn y brawddegau hyn, dylai fod modd newid yr enwau haniaethol yn ansoddeiriau, e.e. *friendship* > cyfeillgar. Mae'r frawddeg gyntaf wedi ei gwneud i chi.

1. The group showed great <u>friendship</u> towards us.
   Roedd y grŵp yn gyfeillgar iawn wrthon ni.
2. The weather conditions were favourable, in spite of the <u>ferocity</u> of the wind.
3. The crowd waited with great <u>anticipation</u>.
4. Why was there such <u>animosity</u> between them?
5. The <u>acceptability</u> of the offer was discussed.
6. She did not display any <u>awareness</u> of her capability.
7. His response was <u>at variance</u> to the truth.

8. They expressed <u>astonishment</u> at the <u>proximity</u> of the hotel.
9. We went home because of the <u>lateness</u> of the hour.
10. She wanted to keep her <u>anonimity</u>.

IDIOMAU

Mae pob iaith yn defnyddio idiomau, sef ymadroddion lliwgar, i gyfoethogi ystyr. Weithiau mae ieithoedd yn defnyddio'r un idiomau, e.e.

to go to the dogs	mynd i'r cŵn
to pull someone's leg	tynnu coes rhywun

Yn aml iawn, mae'r idiomau'n gwbl wahanol, e.e.

to come to one's senses	dod at ei goed

Mae cannoedd o idiomau ar gael, ac mae iaith fyw'n datblygu rhai newydd o hyd. Byddai'n beth da i gyfieithydd gofio o bryd i'w gilydd am y rhain wrth gyfieithu. Fe gewch chi lawer ohonyn nhw yn llyfrau R.E.Jones, e.e. *Ail Lyfr o Idiomau Cymraeg*, Tŷ John Penry, Abertawe, 1987, neu lyfr Cennard Davies, *Torri'r Garw*, Gomer, Llandysul, 1996.

Cyfieithwch y rhain gan ddefnyddio idiomau:

hen wragedd a ffyn
1. It was raining cats and dogs all day.
cam gwag
2. My greatest mistake was not to retire early.
i'r cymylau
3. The adjudicator heaped praise on the choir.
pryd o dafod
4. The boss told them off for leaving early.
ffidil yn y to
5. The singer has tried to give up many times.
gorau glas
6. They did their very best, but it wasn't good enough.
deupen llinyn ynghyd
7. He always bought the best and could never make ends meet.
fel lladd nadroedd
8. She worked at full speed all day to finish the work on time.

nerth ei ben

9. The politician had to shout as loudly as possible to make himself heard.

bod yn gefn

10. Characters in *Pobol y Cwm* always claim that they are supportive of each other.

CYFUNIAD O EIRIAU

Mae gan ieithoedd gyfuniadau o eiriau sy'n cael eu defnyddio gyda'i gilydd, ac mae angen gwybod am y rhain wrth gyfieithu. Pan fyddwch chi'n dod ar draws y rhain yn y Saesneg, mae angen gofal, am fod y cyfuniad o eiriau'n gallu bod yn wahanol yn y Gymraeg, e.e.

to sit an examination	>	sefyll arholiad
to peel potatoes	>	crafu tatws
to miss the bus	>	colli'r bws

Cyfieithwch y rhain, gan roi sylw i'r cyfuniadau sydd wedi eu nodi mewn italig:

1. After waiting for half a minute they *rang the bell* again.
2. She was the first to *propose the motion.*

3. When they were young they *attended a school* in the country.
4. The factory manager *adopted a policy* on overtime.
5. The strike *took place* without any warning.
6. The idea then *took hold* of the whole country.
7. The argument, however, *flew in the face* of the facts.
8. Eventually they had to *hand over* the money.
9. Several directors *tendered their resignation* after the strike.
10. The birds began to sing at *the break of day.*

GWAHANU DAU FERFENW

Pan fydd arddodiaid gwahanol yn dilyn berfenwau yn y Gymraeg,
mae'n well rhoi'r gwrthrych ar ôl yr un cyntaf, a chael yr ail i gyfeirio'n
ôl at y gwrthrych, e.e.

I contacted and appealed to her for help.

> Cysylltais â hi ac apelio arni am gymorth.

Rhowch gynnig ar y rhain:

1. We talked and listened to her because she was lonely.
2. She thanked and praised us for the help.
3. Did you listen to and obey her?
4. I asked and took advantage of their kindness.
5. They contacted and communicated with us successfully.
6. It will not be easy to approach and trust them.
7. It is possible that they will not look for or find us.
8. For the time being she won't talk about or admit anything.
9. We will have to talk to and agree with the others.
10. When the time comes, it is better not to depend on or compete
    with them.

CYMALAU

Mae meistroli sut i gyfieithu is-gymalau'n un o hanfodion cyfieithu. Yn y lle cyntaf mae angen adnabod pa fath o gymal yw'r is-gymal.

CYMALAU ENWOL

Lle mae'r cymal yn cymryd lle enw, e.e.
I have read the <u>book.</u> **enw**
I have read <u>that the book was interesting</u>. **is-gymal enwol**

Yn aml iawn caiff yr is-gymal enwol ei gyflwyno yn Saesneg gan 'that'. Mae mwy nag un dull o gyflwyno is-gymal enwol yn y Gymraeg. Dyma rai ohonyn nhw.

1. **bod / fod**

   (i) berfau cwmpasog   gwn fod y bws yn dod
   ... yn ...   gwybod bod y bws yn dod
   ... wedi ...   gwybod bod y bws wedi dod
   (ii) o flaen arddodiaid   gwybod bod y bws ar y ffordd

2. **i**

   i fynegi'r gorffennol syml, berfau cryno   gwybod iddo ddod

3. **y**

   (i) y presennol cryno   gwybod y daw'r bws
   (ii) y dyfodol   gwybod y bydd y bws yn dod
   (iii) yr amhenodol   gwybod y deuai'r bws
   (iv) yr amhersonol   gwybod y gyrrir y bws

4. **na/d**

   negyddol pob un o'r rhain   gwybod nad yw'r bws yn dod
                                   gwybod na ddaeth y bws
                                   gwybod na fydd y bws yn dod

5. **taw/mai**

   i bwysleisio   gwybod mai bws sy'n dod
                                   gwybod mai bws yw e

6. **ai** 'whether' + enw   gwybod ai bws yw e

7. **a** 'whether' + berf   gwybod a yw'r bws yn dod

Rhowch gynnig ar y rhain:

1. I don't know whether I can teach tonight.
2. He told me that he passed the test.
3. She claimed that she will be the first girl to pass.
4. They think that they have worked hard enough.
5. We asked whether we could take the exam tomorrow.
6. She did not know whether it was her brother who marked the paper.
7. We didn't know that the paper was not printed in time.
8. We knew that the same question would appear every year.
9. He thought that he had won the first prize.
10. You could have said that the test was difficult.

Rhowch gynnig eto ar y rhain:

1. She was certain it was her sister whom she had seen.
2. Her sister said that she was on her way home.
3. She said on her mobile that she would not be long.
4. She believed that her sister would welcome her.
5. Both thought that they should have met earlier.
6. They weren't sure whether they would recognize each other.
7. She knew that Sunday was the important day.
8. They were convinced that they would see each other again.
9. Her husband thought that he would have a day off.
10. It's men who think that they know everything.

CYMALAU PERTHYNOL

Mae'r rhain weithiau'n cael eu galw'n gymalau ansoddeiriol.
Yn y rhain mae is-gymal fel arfer yn gwneud gwaith ansoddair, h.y. yn disgrifio enw, e.e.

*I know the woman **who worked in the factory**.*

> Rwy'n nabod y fenyw **a oedd yn gweithio yn y ffatri**.

Yn y Saesneg, caiff y rhain eu cyflwyno'n aml gan 'who', 'which', neu 'whose'.
Mae sawl dull o'u cyflwyno nhw yn y Gymraeg. **Peidiwch â defnyddio**

'pwy' i gyfieithu 'who': cadwch 'pwy' ar gyfer cwestiynau ar y cyfan. Caiff 'geiryn perthynol' ei ddefnyddio i gyflwyno'r cymal.

Geiryn perthynol

1. **a** gyda ffurf gryno'r ferf
    os yw'n cyfeirio at oddrych y cymal
    (+TM)
    Rwy'n nabod y dyn a yrrodd y car.

2. **a** gyda ffurf gryno'r ferf
    os yw'n cyfeirio at wrthrych y cymal
    (+TM)
    Rwy'n nabod y dyn a yrrais i adref neithiwr.

3. **y/yr** gyda ffurf gryno'r ferf
    os yw'n cyfeirio at enw yn y cyflwr genidol
    Rwy'n nabod y dyn y gyrrodd ei wraig y car.

4. **y/yr** gyda ffurf gryno'r ferf
    os yw'n dibynnu ar arddodiad
    Rwy'n nabod y dyn y gyrrodd y car ato.

5. **sy(dd)** gyda ffurf gwmpasog y ferf, amser presennol a pherffaith,
    + gydag arddodiad
    os yw'n cyfeirio at oddrych y cymal
    Rwy'n nabod y dyn sy'n gyrru'r car.
    Rwy'n nabod y dyn sy wedi gyrru'r car.
    Rwy'n nabod y dyn sydd ar do'r car.

6. **a** gyda ffurf gwmpasog y ferf, amser dyfodol ac amherffaith
    (+TM)
    os yw'n cyfeirio at oddrych y cymal
    Rwy'n nabod y dyn a fydd yn gyrru'r car.
    Rwy'n nabod y dyn a oedd yn gyrru'r car.
    Rwy'n nabod y dyn a oedd ar do'r car.

7. **y/yr** gyda ffurf gwmpasog y ferf
    os yw'n cyfeirio at wrthrych y cymal, enw genidol neu os yw'n dibynnu ar arddodiad
    Rwy'n nabod y dyn yr wyf yn ei yrru.
    Rwy'n nabod y dyn y byddaf yn ei yrru.
    Rwy'n nabod y dyn yr wyf wedi gyrru ei wraig.
    Rwy'n nabod y dyn yr oeddwn wedi gyrru ato.

8. **na/d** negyddol yr holl ffurfiau hyn (+TLl/TM)
   Rwy'n nabod y dyn na yrrodd y car.
   Rwy'n nabod y dyn na thalodd am y car.
   Rwy'n nabod y dyn nad oedd yn gyrru'r car.

Rhowch gynnig ar y rhain:

1. I met the candidate who stood for the Welsh national party.
2. I believed the candidate who promised lower taxes.
3. We went to the meeting on which the election depended.
4. He wanted a Welsh assembly which would not depend on London.
5. You will meet the new Welsh Assembly minister whose husband looks after the children.
6. Have you seen the building which they have started to build?
7. We will meet the members of parliament who had not attended the meeting.
8. The politician spoke to the voters, to whom he had promised everything.
9. She wanted a Wales which would not have to ask London for more money.
10. The Secretary of State, whose position is uncertain, will have to co-operate with the Welsh Assembly.

Rhowch gynnig eto:

1. Have you met the boy whose band played last week?
2. They know the people to whom they are writing.
3. They are the girls she talked about.
4. Mair is the girl to whom you gave a present.
5. We're going to see the woman whose husband is ill.
6. I've read the book you talked about.
7. He is the man whose wife we saw.
8. Are these the children whose friends are on holiday?
9. She met the teacher whose lessons she hated.
10. Look at the shop whose owner has left.

CYMALAU ADFERFOL

Mae nifer helaeth o eiriau'n gallu cyflwyno cymalau adferfol. Weithiau does dim angen 'y' rhwng y gair a'r ferf, e.e.

os   os daw hi
pan   pan fydd hi
pe   pe bai e

Yn aml mae modd defnyddio 'y', e.e.
fel   fel y gallai weld
nes   nes y daw adre

Yn aml mae modd defnyddio 'i', e.e.
nes   nes iddi fynd
ar ôl   ar ôl iddyn nhw orffen

Defnyddiwch air addas i gyflwyno'r cymalau adferfol yn y brawddegau hyn. Defnyddiwch y canlynol: os, pe, er, fel, rhag ofn, nes, oherwydd, lle, tra.

1. If there has been a mistake, we'll get a refund.
2. I would tell you if I could remember.
3. Although I had a lot of money, there's nothing left.
4. They spent it all, as they had always done.
5. This is my phone number, in case you want it.
6. The man was so rich, that the bank manager asked him for money.
7. Everyone went for coffee, because they didn't have enough for a meal.
8. She gave the child a pound, because she smiled so sweetly.
9. Go to a foreign country, where you won't pay taxes.
10. While he looked in his pocket, someone stole his case.

Ac eto:

1. We protested until the police came.
2. As we sat on the road, the local people cheered.
3. We're waiting so that we can see the procession.
4. I'll go whenever you say.
5. By the time the police arrive, there will be a riot.
6. She'll be disappointed, if I don't take part.
7. We left before things started to heat up.

8. They're staying here until it gets dark.
9. I want to start driving before it's too late.
10. If I went tonight, I wouldn't be able to go tomorrow.

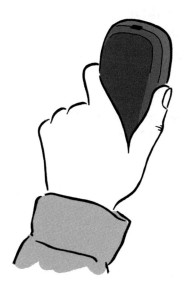

Mae'r Saesneg yn hoff o frawddegau sy'n cynnwys sawl cymal, e.e.
*The choir, which had won a prize at the Eisteddfod, travelled to
Salzburg, where they visited the cathedral choir master who had told
them that they should come back next year:*
Prif gymal: *the choir ... travelled to Salzburg.*
Is-gymal perthynol: *which had won a prize at the Eisteddfod*
Is-gymal adferfol: *where they visited the cathedral choir master*
Ail is-gymal perthynol: *who had told them*
Is-gymal enwol: *that they should come back next year*
Gallwch greu mwy nag un frawddeg yn y Gymraeg wrth gyfieithu, e.e.
> Teithiodd y côr a oedd wedi ennill gwobr yn yr Eisteddfod i
Salzburg. Yno gwelson nhw gôrfeistr yr eglwys gadeiriol. Dywedodd e
wrthyn nhw am ddod yn ôl y flwyddyn nesaf.

Cyn dechrau rhannu brawddegau, mae'n werth nodi sawl cymal sydd
yn y frawddeg Saesneg, gan rannu'r frawddeg fel hyn:

Prif gymal: cymal sy'n cynnwys prif weithred y frawddeg;

Is-gymal perthynol: cymal sy'n cynnwys disgrifiad o enw yn y prif
gymal neu mewn cymal arall;

Is-gymal adferfol: cymal sy'n dweud ble, sut, pam (ac ati) y
digwyddodd rhywbeth;

Is-gymal enwol: cymal sy'n dweud beth ddywedodd (neu y
meddyliodd ac ati) rhywun.

Mae'n bosibl creu brawddeg gyfan o unrhyw un o'r is-gymalau hyn, ond
fel arfer mae rhaid nodi goddrych y cymal unwaith eto.

**Cyfieithwch y brawddegau hyn, gan dorri'r brawddegau'n ddwy
neu'n dair brawddeg Gymraeg:**

1. The choir had accepted an invitation to sing in Prague which
   has a long and interesting history.

2. When they saw a picture of the church in the old square, where
   they were to sing, they became very nervous.

3. The students, who had bought cheap tickets, had to wait for two hours in the rain, but they managed to dry their clothes after arriving at the hotel.

4. After the concert in the town hall, the students decided to go for a meal, but a few went to bed early although they were not tired.

5. There was a swimming pool in the hotel, but the students got up too late to use it, and they also missed breakfast.

6. At the end of the concert, the audience stood up, and the choir thought that they did this to show their appreciation, but the audience had stood up in order to leave.

7. The next concert was in the castle, which can be seen from the other side of the river, but they had to take a bus to go there because there were no taxis.

8. One of the students had forgotten his music, so he had to look at his friend's copy throughout the concert, after which the conductor told him off.

9. The choir spent the day in the town centre, as many of them wanted to buy presents, while others spent some time in the museums, of which there are many in Prague.

10. After returning home, they saw a video of the trip, which had been taken by the conductor's wife who had to attend all the concerts, although she was not musical.

CYFIEITHU: CRYNHOI

Cyn dechrau cyfieithu, mae angen gwybod sut mae'r Gymraeg yn wahanol i'r Saesneg. Gall gymryd blynyddoedd i wneud hyn.

Bydd angen i bawb ohonom gyfieithu o bryd i'w gilydd.

Yn yr ysgol neu goleg bydd angen i ni ddarllen gwybodaeth mewn un iaith, a gwneud defnydd ohoni mewn iaith arall.

Ar lafar byddwn yn trafod yn y Gymraeg ffilmiau neu raglenni teledu Saesneg y byddwn ni wedi eu gwylio. Weithiau bydd ffrindiau i ni'n gofyn i ni gyfieithu pethau o'r Gymraeg neu o'r Saesneg.

Yn y gwaith mae'n bosib iawn y bydd angen i chi fod yn gyfrifol am gyfieithu llythyrau, taflenni a phethau o'r fath.

Dylai'r tudalennau diwethaf fod wedi eich helpu chi i weld ble a sut mae'r Gymraeg yn wahanol i'r Saesneg.

Dyma rai tueddiadau yn y ddwy iaith. Dylid bod yn ymwybodol ohonyn nhw cyn mentro ar y darnau nesaf yn y llyfr:

- **Mae'r Saesneg yn hoff o frawddegau â sawl is-gymal, ond y Gymraeg yn fwy tueddol o ddefnyddio brawddegau byr.**
  The electrician managed to repair the television so that we were then able to see the game.
  > Llwyddodd y trydanwr i drwsio'r set deledu. Roedden ni wedyn yn gallu gweld y gêm.

- **Mae'r Saesneg yn dueddol o ddefnyddio'r modd goddefol, lle byddai'r Gymraeg yn defnyddio'r modd mynegol.**
  The game was seen by the whole family.
  > Gwelodd y teulu cyfan y gêm.

- **Mae llu o eirynnau'n cael eu defnyddio ar ôl berfau yn y Saesneg, ond nid yn y Gymraeg, e.e. 'up', 'down', 'off'.**
  Their friends came down to see the game.
  > Daeth eu ffrindiau i weld y gêm.

- **Mae'r Saesneg yn hoff o enwau haniaethol, ond yn y Gymraeg mae'n well defnyddio enwau diriaethol, ansoddeiriau neu ferfenwau.**
  The captain showed his displeasure with the team's performance.
  > Nid oedd y capten yn hapus â chwarae'r tîm.

- **Mae'r defnydd o'r fannod yn wahanol yn y ddwy iaith.**
  We all went to town to see the next game.
  > Aethon ni i gyd i'r dref i weld y gêm nesaf.

- **Mae angen gofal wrth ddefnyddio'r fannod gydag ymadroddion sy'n cynnwys dau enw: dydyn ni ddim yn rhoi'r fannod o flaen yr ymadroddion hyn.**
  The team's manager went home early
  > Aeth rheolwr y tîm adre'n gynnar.

- **Mae'r defnydd o'r unigol a'r lluosog yn gallu bod yn wahanol.**
  The gift shop sold all kinds of products.
  > Roedd y siop anrhegion yn gwerthu pob math o gynnyrch.

- **Mae rhoi adferf o flaen ansoddair yn gyffredin yn y Saesneg, ond yn llai cyffredin yn y Gymraeg.**
  The seemingly blind referee gave a penalty.
  > Rhoddodd y dyfarnwr, a oedd fel pe bai'n ddall, gic o'r smotyn.

- **Mae'r defnydd o'r negyddol a'r cadarnhaol yn wahanol yn y ddwy iaith.**
  It wasn't with displeasure that we left the ground.
  > Aethon ni o'r cae'n ddigon bodlon.

Bydd nifer o'r ymarferion yn rhan nesaf y llyfr yn ymwneud â rhai o'r gwahaniaethau hyn.

GWALLAU CYFFREDIN

Mae'r gwallau sy'n cael eu gwneud wrth gyfieithu'n llawer rhy niferus i'w nodi. Blas yn unig a gynigir yma, felly. Yn aml, gwallau gramadegol ydyn nhw, a byddai'n addas eu hadolygu mewn gwersi gramadeg yn hytrach na mewn gwersi cyfieithu. Dyma, o brofiad, hanner cant o'r gwallau mwyaf cyffredin a wneir wrth i fyfyrwyr gychwyn cyfieithu:

1. **Defnyddio'r fannod o flaen dau enw**
   y gwledydd gorllewin Ewrop
      yn lle
   gwledydd gorllewin Ewrop

   y cymoedd diwydiannol de Cymru
      yn lle
   cymoedd diwydiannol de Cymru

   pe bai'r gwerth y bunt
      yn lle
   pe bai gwerth y bunt

2. **Ymadroddi annaturiol**
   wedi ei drigo am filoedd o flynyddoedd
      yn lle
   a phobl wedi byw yno ers miloedd o flynyddoedd

3. **Geirfa anghymwys**

cofadeiladau	yn lle	henebion
cadwrus	yn lle	wedi ei warchod yn dda

4. **Cadw at y goddefol yn lle newid i'r mynegol**
   lle bron dymchwelwyd y drefn gan wrthdystwyr
      yn lle
   daeth gwrthdystwyr yn agos at ddymchwel y drefn

5. **Berf amhersonol yn lle 3ydd unigol**
   ymddiddorwyd pobl yn y chwyldro
      yn lle
   ymddiddorai pobl yn y chwyldro

   cynlluniau a fodolir yn barod
      yn lle
   cynlluniau sy'n bodoli yn barod *neu*
   cynlluniau a fodola'n barod

6. **Cyflwyno cymalau adferfol yn drwsgl**
yn yr hyn y mae twymyn yn cael ei ddilyn gan smotiau
    yn lle
lle mae twymyn yn cael ei ddilyn gan smotiau

yr ardal ble yr ydych wedi dewis byw ynddi
    yn lle
yr ardal yr ydych wedi dewis byw ynddi

7. **Cyflwyno cymalau perthynol yn drwsgl**
y bobl a glywais amdanynt
    yn lle
y bobl y clywais amdanynt

y bobl pwy sy'n mynd
    yn lle
y bobl sy'n mynd

8. **Cyflwyno cymalau enwol yn drwsgl**
clywais fod mae'r bwyd yn dda
    yn lle
clywais fod y bwyd yn dda

teimlais yr oeddwn yn haeddu ennill
    yn lle
teimlais fy mod yn haeddu ennill

rwy'n credu y mae rhagolygon
    yn lle
rwy'n credu bod rhagolygon

teimlo yr wyf yn gallu
    yn lle
teimlo fy mod yn gallu

9. **Methu â chael arddodiad diweddol i gytuno â'r enw y cyfeirir ato**
dyma'r merched y sonnir amdano
    yn lle
dyma'r merched y sonnir amdanynt

10. Berf amherffaith yn lle presennol
gallai'r clefyd gael ei wella
    yn lle
gall y clefyd gael ei wella

11. Berf orffennol yn lle amherffaith
clywodd e'r gerddoriaeth trwy'r adeg
    yn lle
clywai e'r gerddoriaeth trwy'r adeg

siaradodd pobl yr Oes Haearn iaith Geltaidd
    yn lle
siaradai pobl yr Oes Haearn iaith Geltaidd

12. Peidio â rhoi'r goddrych ar ôl y ferf
yr oedd wedi bod un achos o'r pla
    yn lle
yr oedd un achos o'r pla wedi bod

13. Sillafu 'n' neu 'nn' yn anghywir
penderfynnu
    yn lle
penderfynu

14. Ffurfiau anghywir o'r ferf amodol
| pe bawn nhw | yn lle | pe baen nhw |
| pe bai chi | yn lle | pe baech chi |

15. Lluosog anghywir
| eliffantiaid | yn lle | eliffantod |
| ymosodau | yn lle | ymosodiadau |

16. Peidio â threiglo ar ôl berf gryno
dylech cysylltu
    yn lle
dylech gysylltu

17. Treiglo'r goddrych ar ôl berf gryno
gwelodd fechgyn ef
    yn lle
gwelodd bechgyn ef

18. Ansoddair yn lle enw
| merch Almaenig | yn lle | merch o'r Almaen |

19. **Enw yn lle berfenw**
hybu cread o fentrau lleol
yn lle
hybu creu mentrau lleol

20. **Ansoddair anghywir**

cymunedau Cymreig	yn lle	cymunedau Cymraeg
arian Almaeneg	yn lle	arian Almaenig

21. **Methu â defnyddio'r fannod**
gwelais rhain yn y farchnad
yn lle
gwelais y rhain yn y farchnad

22. **Defnyddio 'o' lle nad oes angen**
gyda help o awdurdodau lleol
yn lle
gyda help awdurdodau lleol

rhaglen gyhoeddi o sawl cyhoeddwr bach
yn lle
rhaglen gyhoeddi sawl cyhoeddwr bach

bodolaeth o'r ogof
yn lle
bodolaeth yr ogof

23. **Treiglo ansoddair yn ôl yr ail elfen yn lle'r gyntaf**
polisïau iaith leol
yn lle
polisïau iaith lleol

24. **Defnyddio cymal enwol lle nad oes angen**
pa mor ddefnyddiol eu bod nhw
yn lle
pa mor ddefnyddiol y maen nhw

25. **Treiglo'n ddiangen ar ôl rhai arddodiaid**
ar draws bob sector
yn lle
ar draws pob sector

26. **Sillafu 'u' neu 'i' yn anghywir ar ddiwedd berfenwau**

galluogu	yn lle	galluogi

27. Camddefnyddio'r rhagenw dangosol

y cymunedau rheiny

    yn lle

y cymunedau hynny

28. Cyflwyno cymalau enwol negyddol yn anghywir

mae'n debygol ni fyddant

    yn lle

mae'n debygol na fyddant

er nid oes

    yn lle

er nad oes

29. Cytundeb anghywir rhwng rhagenw ac enw

cartref wedi ei rhentu

    yn lle

cartref wedi ei rentu

30. Defnyddio 'yn' yn anghywir

gall y merched yn cael bwyd

    yn lle

gall y merched gael bwyd

rhaid i lywodraethwyr yr ysgol yn penderfynu

    yn lle

rhaid i lywodraethwyr yr ysgol benderfynu

31. Defnyddio'r cadarnhaol yn lle'r negyddol

bydd budd-daliadau ond yn talu am rent

    yn lle

ni fydd budd-daliadau ond yn talu am rent

32. Defnyddio 'yw' yn lle 'oes'

er nad yw golwg bod y peth yn dod i ben

    yn lle

er nad oes golwg bod y peth yn dod i ben

33. Methu â defnyddio cymal enwol i gyfieithu 'of' + berf

dim sôn o'r dirwasgiad yn gorffen

    yn lle

dim sôn bod y dirwasgiad yn gorffen

34. **Defnyddio 'i' o flaen berfenw, ar ôl 'rhaid'**
rhaid i ddiswyddo aelod o staff
    yn lle
rhaid diswyddo aelod o staff

35. **Treiglo ar ôl 'rhaid'**
rhaid ddiswyddo   yn lle   rhaid diswyddo

36. **Methu â threiglo ar ôl 'pan'**
pan cwrddodd   yn lle   pan gwrddodd

37. **Methu â defnyddio 'i' ar ôl rhai berfau**
parhau gweithio   yn lle   parhau i weithio

38. **Methu â phwysleisio elfen gyntaf brawddeg yn iawn**
yr oedd Tokyo a ddioddefodd fwyaf
    yn lle
Tokyo a ddioddefodd fwyaf

39. **Methu â defnyddio 'i'**
talu'r staff mwy
    yn lle
talu mwy i'r staff

40. **Methu â defnyddio 'o' ar ôl 'llai' a 'mwy'**
llai morgeisiau   yn lle   llai o forgeisiau
mwy cyfleoedd   yn lle   mwy o gyfleoedd

41. **Cymysgu 'mae' a 'mai' ac 'yw'**
os mai gorsafoedd trên yn dargedau
    yn lle
os yw gorsafoedd trên yn dargedau

gwybod mae hi sy'n iawn
    yn lle
gwybod mai hi sy'n iawn

42. **Dechrau prif gymal 'nad'**
Nad dinistrio oedd y bwriad
    yn lle
Nid dinistrio oedd y bwriad

43. Defnyddio enw lluosog ar ôl rhifolion
130, 000 marwolaethau
yn lle
130,000 o farwolaethau

44. Methu â defnyddio ansoddair yn briodol ar ôl 'cyn'
cyn llydan â phosibl
   yn lle
cyn lleted â phosibl

45. Defnyddio 'yn' ar ôl 'dylai'
pethau y dylai eich plentyn yn dysgu
   yn lle
pethau y dylai eich plentyn eu dysgu

46. Defnyddio'r lluosog yn lle'r unigol, ac fel arall
o'u bywydau ysgol   yn lle   o'u bywyd ysgol

byw mewn pentref myfyriwr
   yn lle
byw mewn pentref myfyrwyr

47. Cymysgu 'mewn' ac 'yn'
yn nogfennau o'r enw   yn lle   mewn dogfennau o'r enw

48. Defnyddio arddodiad anghywir
dogfennau am ddefnydd yr athro
   yn lle
dogfennau at ddefnydd yr athro

49. Defnyddio berf yn lle berfenw
cyn cadwyd cofnodion   yn lle   cyn cadw cofnodion

50. Methu â defnyddio 'bynnag' yn gywir
pa bynnag pryderon
   yn lle
pa bryderon bynnag

51. Defnyddio'r trefnolion yn anghywir
y bedwaredd ganrif ar bymthegfed
   yn lle
y bedwaredd ganrif ar bymtheg

52. Defnyddio rhifau'n anghywir

tri ar ddeg cant o flynyddoedd

   yn lle

tri chant ar ddeg o flynyddoedd

53. Cymysgu 'gan' a 'cael'

mae'r rhaglenni wedi cael elfen gyffredin

   yn lle

roedd gan y rhaglenni elfen gyffredin

54. Trefn anghywir gyda'r ferf gypladol

Mrs Hughes yw athrawes

   yn lle

Athrawes yw Mrs Hughes

Cywirwch y brawddegau hyn:

1. Roedd y gwledydd y gorllewin i gyd wedi clywed o'r storm.
2. Cefnogir llawer o bobl y prifweinidog newydd.
3. Yr oedd Caerdydd y ddinas fwyaf newydd Ewrop.
4. Nid oeddynt siŵr os mae celwydd oedd e.
5. Clywodd y gweithwyr yr oeddynt wedi colli eu gwaith.
6. Dylai'r gwleidyddion yn gallu gwrando ar y gweithwyr.
7. Mae'n bosibl ni fyddant yn streicio wedi'r cyfan.
8. Yr oedd wedi bod damwain gas yno'r llynedd.
9. Roeddynt am gael cymorth o berchenogion y ffatri.
10. Yr wyf yn meddwl yr wyf yn gallu gwneud y gwaith.

A dyma ragor:

1. Roedd y dynion yn eisiau barhau gweithio.
2. Mae'r economi Gymraeg yn gwella, yn wahanol i'r economi'r Almaen.
3. Mae'n bosibl fydd rhaid i aelod o staff yn cael ei ddiswyddo.
4. Mae'r costau i gyd wedi cael ei thalu.
5. Mae'r nifer y di-waith wedi cynyddi unwaith eto.
6. Pe bawn nhw wedi clywed, bawn nhw wedi dechrau gweithio.
7. Mae llai cyfrifoldeb gyda nhw, ond mwy dyletswyddau.
8. Daeth cant athrawon i weld y ferch Ffrengig.
9. Roedd y coleg yn cael canolfan technoleg gwybodaeth.
10. Mae'r wybodaeth yn llyfrau sydd yn y llyfrgell.

DARNAU CYFIEITHU

1. Keeping warm in winter

Bydd angen gofal yn y darn hwn wrth ddefnyddio'r fannod. Gwnewch ymdrech hefyd i benderfynu pa elfennau y gallwch eu gollwng.

During <u>the course of the</u> cold months of <u>winter</u>, you need to make sure that you eat and drink enough to warm you <u>up</u>. If you live in <u>the</u> cold mountains of north Wales, or if you live in <u>the</u> valleys of south Wales, your needs <u>are the same</u>. You must make sure that you <u>put on</u> warm clothes after getting <u>up</u>. It is better to wear more than one layer than <u>just</u> one thick jumper. It is always a good idea to do some light exercises several times <u>a</u> day. If you do not have double glazing <u>installed</u>, draw the curtains when it <u>becomes</u> dark – you'll be <u>so much</u> warmer and your heating bill will be <u>that much</u> less. When you go to bed, take a warm drink with you. And remember, it can be cheaper to spend a month in winter on <u>the coast of</u> Spain than in Wales.

the course of – yn llythrennol 'yng nghwrs', ond oes angen cyfieithu hyn? A fyddai 'during the cold months' yn rhoi'r un ystyr?
the cold months - byddwch yn defnyddio'r fannod o flaen 'gaeaf'. Oes angen y fannod felly wrth gyfieithu 'cold months'?
winter – cofiwch fod angen y fannod gydag adegau'r flwyddyn.
the cold mountains – mae'r mynyddoedd yn perthyn i ogledd Cymru, felly a oes angen y fannod?
the valleys – unwaith eto, a oes angen y fannod?
are the same – gallai fod yn well dechrau gyda 'yr un' – 'yr un yw ...'
put on – peidiwch â chyfieithu'n llythrennol. Gwell defnyddio 'gwisgo'.
getting up – does dim angen cyfieithu 'up'.
just – mae hi'n anodd penderfynu pryd i gyfieithu 'just'. Mae'n air hwylus, ond heb ystyr pendant iddo bob tro. Cystal defnyddio 'dim ond' fan hyn.
a day – cofiwch fod angen y fannod yn Gymraeg.
installed – ydy 'installed' yn ychwanegu at yr ystyr? Mae gennych ffenestri dwbl neu wydr dwbl. Os felly, maen nhw wedi eu gosod yn eu lle yn barod. Gollyngwch 'installed'.
become – 'mynd yn'.

so much - does dim ystyr penodol i 'so much'. Ffordd o gryfhau'r ansoddair yw hyn. Gallwch ddefnyddio 'llawer yn'.

that much – unwaith eto, nid yw'r ystyr llythrennol yn bwysig. Gallwch ddefnyddio 'yn llawer llai' neu 'dipyn yn is'.

the coast – gofal eto gyda'r fannod.

2. The choir's tour

Bydd angen gofal yn y darn hwn wrth ddewis geirfa. Bydd rhai geiriau'n digwydd fwy nag unwaith, ond efallai y cânt eu cyfieithu gan eiriau gwahanol.

The choir has <u>to date</u> sung in four different countries: <u>Germany</u>, Italy, Scotland and <u>the States</u>. Unfortunately, on the latest trip, <u>the</u> passport of the choir's accompanist was <u>out of date</u>, so she could not fly with <u>the rest</u> of the group. On the evening before the first concert the choir <u>managed to fit in</u> a meal in a restaurant, but some were <u>in no fit state</u> to sing after this. When they <u>arrived at</u> the church, they saw quite a <u>number</u> already in the audience, although the town <u>only numbered</u> two hundred and fifty inhabitants. <u>As it was</u> difficult to sing without a piano, the conductor decided to recite some poems. This did not <u>go down</u> well with the audience, <u>as they could</u> not understand a word. At <u>the end</u> of the concert some of the audience <u>stood up</u> quickly to leave, but the conductor <u>mistakenly</u> thought that this was a <u>standing ovation</u>.

to date – dim cysylltiad â 'dyddiad': 'hyd yn hyn'.

Germany – bydd angen defnyddio'r fannod gyda phob gwlad sy'n ei defnyddio.

the States – ydy 'y Taleithiau' yn ddigon?

the passport – oes angen defnyddio'r fannod? Gallwch ddefnyddio 'pasbort' neu 'teitheb' am 'passport'.

out of date – eto, does dim cysylltiad â dyddiad; gallwch ddefnyddio 'yn hen'.

the rest – beth yw'ch penderfyniad ar ddefnyddio'r fannod?

manage – gall 'manage' olygu 'rheoli' neu 'llwyddo'. Pa un sy'n iawn fan hyn?

to fit in – mae angen gollwng 'in', ond efallai y byddai'n well meddwl am ymadrodd cwbl wahanol. Ydy 'cael' yn ddigon?

in no fit state – 'cyflwr' yw 'state' fan hyn. Sut mae cyfieithu 'fit'? Ydy 'ddim mewn cyflwr digon da i ganu' yn iawn?

arrive at – cofiwch fod 'cyrraedd' yn cyfieithu 'to arrive at'.

number – gallwch ddefnyddio 'nifer', 'rhai', 'ambell un'.

only – 'dim ond'. Gwell defnyddio cymal negyddol, 'er nad oedd ond...'

numbered – does dim angen defnyddio 'rhifo'. Nodi faint o bobl sy'n byw yn y dref mae 'numbered'. Gallwch ddefnyddio 'cynnwys' neu ddefnyddio 'oedd yn byw'.

go down – mae angen osgoi cyfieithu'n llythrennol. Beth am 'doedd hyn ddim wrth fodd...'

as it was / as they could – mae sawl ystyr i 'as'. Gall olygu 'gan', 'oherwydd', 'wrth', 'tra'. Pa un sydd fwyaf addas fan hyn?

the end – gofal gyda'r fannod.

stood up – oes angen cyfieithu 'up'?

mistakenly – 'ar gam'.

standing ovation – mae angen newid yr ymadrodd i gynnwys berf, e.e. 'codi mewn cymeradwyaeth'.

3. A day in the country

Dyma gychwyn stori i blant. Cyfieithwch y darn mor syml ag sy'n bosibl.

They had never been there before. In fact, they had never been to the country. Pigs, cows, sheep and hens they had only seen in children's picture books. Is was, then, with some surprise, that they saw them at first hand. It was the pigs that surprised them most. They were much more friendly than the other animals. The cows, in spite of their size, were afraid of them, and huddled together in the furthest corner of the field. The sheep, of course, followed each other aimlessly, and the hens were extremely vociferous.

One of the children was braver than the others. When he saw a horse, with the help of friends, he climbed on its back. He had hoped that he could now be like a cowboy on the films. The horse had other ideas. He trotted, and then galloped, as fast as he could, through the farmyard and into the field. The boy tried to hold on. Then suddenly, in front of a hedge, the horse stopped, and just as the horse had wished, the boy was tossed into the air and was lucky enough to land in a dung heap.

had never been – defnyddiwch y gorberffaith. Ydych chi'n mynd i
   ddefnyddio 'byth' neu 'erioed' am 'never'? Ydy'r ferf yn negyddol
   neu'n gadarnhaol?
pigs – sut ydych chi'n mynd i ddechrau'r frawddeg? Gyda berf?
only seen – cofiwch fod angen defnyddio berf negyddol.
it was the pigs – brawddeg bwysleisiol: pa air fydd yn cychwyn hon?
huddled – allwch chi feddwl am ferf addas?
as fast as he could – idiom? 'Nerth ei ...'
to hold on – cofiwch nad oes angen cyfieithu 'to' ar ôl 'tried'; pa ferf:
   dal gafael?
was tossed – amhersonol gorffennol 'taflu'.
dung heap – 'tomen dail'.

4. The missing pipe

*Sgyrsio sydd yn y darn hwn yn bennaf, felly teimlwch yn rhydd i
ddefnyddio'ch tafodiaith, a hefyd i gyfieithu'n idiomatig.*

"What on earth is he up to?"
Mrs James looked out of the window, and saw the workman digging
another hole in the lawn.
"No idea," replied her husband, "but this is the seventh hole he's dug
this morning." Deciding to do something about it, Mr James rushed out
of the house.
"So what's the big game? Are you planning a golf course?"
"Don't be daft. Can't find the gas pipe, that's all. Any idea where it
could be? There's no sign of it, although it's supposed to be here,
according to the plans."
Mr James was taken aback by the reasonable answer. "Just a sec., I'll
ask the wife now."
"So did you put a stop to his silly antics?" exclaimed Mrs James on
seeing her husband back so soon.
"More or less, he's just looking for the gas pipe. Any idea where it can
be?"
"Gas? My foot! We've only got electricity here. You're a dead loss."

   is he up to - gallwch chi ddweud 'mae e'n 'wneud', ond ydy hyn
      ychydig yn ddifflach? Allwch chi feddwl am ymadrodd mwy
      lliwgar?

out – does dim angen cyfieithu 'out'.

deciding – mae angen defnyddio 'gan' i gyflwyno'r weithred.

the big game – gallech chi gyfieithu hyn yn llythrennol. Oes posibiliadau eraill?

no sign – byddai defnyddio 'sôn' yn well nag 'arwydd'.

supposed to – mae mwy nag un posibilrwydd: 'dylai fe fod', 'mae e i fod'.

taken aback – 'cael ei synnu'. Pa bosibilrwydd arall?

put a stop to – ydych chi am ddefnyddio 'stop'? Beth am 'rhoi taw ar'?

silly antics – ydy 'dwli' yn cyfleu hyn? Os felly, mae un gair yn ddigon.

on seeing – defnyddiwch 'wrth...'.

my foot – pa ebychiad (parchus!) rydych chi'n ei ddefnyddio? Posibiliadau: 'myn brain i', 'myn diawch i', 'yr argoel fawr'.

dead loss – ydy 'cwbwl anobeithiol' yn ddigon cryf? Beth arall sy'n bosibl?

5. The skiing instructor

Darn disgrifiadol yw hwn. Mae'n cynnwys nifer o is-gymalau: gwnewch yn siŵr eich bod yn eu cyflwyno'n iawn.

He remembered the first time <u>he went</u> on a skiing holiday. For three days he did nothing but slip, stumble and fall, but <u>as soon as</u> he had a new skiing instructor, <u>who taught</u> him how to climb up a slope, he didn't look back. He knew <u>that he was not</u> the fastest skier in the world, <u>that there were</u> others <u>who could</u> ski more elegantly, but also <u>that he was</u> enjoying himself more than anybody.

The next day he took the cable car to the top of the mountain, <u>which was</u> covered in several feet of snow. The view from the summit was the most beautiful <u>that he had</u> seen. He spent a few moments looking down the slope, which looked terrifyingly steep, but after taking a deep breath, he sped down <u>as if he were</u> an Olympic champion.

That evening he was utterly tired, but <u>as he drank</u> his first glass of wine, he saw a familiar face in the doorway. The girl <u>whom he saw</u> had not noticed him, but she was looking for someone. Should he greet her? Probably not, because after all, he had only met her a few days earlier, and she would probably not recognize him. But then, suddenly, she looked at him and before he could do anything, she was at his side, and gave him a light kiss on his lips. She was, of course, the skiing instructor.

he went – i gyflwyno'r gorffennol, defnyddiwch 'i'.
as soon as – 'cyn gynted ag y ...'
who taught him – cyflwynwch y cymal gydag 'a'.
that he was not – 'na' neu 'nad' sy'n cyflwyno is-gymal negyddol.
that there were – does dim angen berf ar ôl 'bod'.
who could – 'a oedd yn gallu', 'a allai'.
that he was – rhowch y rhagenw o gwmpas 'bod': 'ei fod (e)'.
which was – eto defnyddiwch 'a'.
that he had – os ydych chi'n defnyddio berf gwmpasog, 'yr oedd e wedi ei'.
as if he were – 'fel pe bai'n'.
as he drank – 'wrth iddo yfed'.
whom he saw - eto, cyflwynwch y cymal ag 'a'.
before he could – 'cyn y gallai', neu 'cyn iddo allu'.

6. By the desert

Darn o ddisgrifiad o daith yw hwn, yn addas ar gyfer llyfr taith poblogaidd. Cyfieither, felly, i Gymraeg clir, ond gan roi sylw i gadw at naws ddisgrifiadol y gwreiddiol. Bydd modd defnyddio enwau â 'di' o'u blaen i ffurfio ansoddeiriau, e.e. diddiwedd, di-gar, diffrwyth.

What surprised us most was the vastness of the desert. From the aeroplane, we could see sand, never-ending sand, for a full hour, for four hundred miles. Here and there small white clouds beneath us cast a dark shadow on the sand. Gradually a straight black line appeared, cutting its way through the uniform yellowness. This was joined at a right angle by another black line – lonely carless roads which cut their way through one of the loneliest parts of north-eastern Africa.

At one point a house was to be seen, then a group of homes, surrounded by feeble looking trees, and some pretty fruitless fields. Was this an oasis? One could not bear to think what kind of village life was led here, a hundred miles from the nearest civilisation. We eventually landed on an airstrip amidst mountains of sand – they looked like sand dunes in the distance. How unexpected it was therefore to find ourselves, within a few minutes' bus ride, amid the green sugar cane fields of the river Nile, and the fertile land which feeds Egypt.

most – adferf, felly treiglwch 'mwyaf'.

vastness – oes enw addas? Gallech ddefnyddio 'pa mor eang oedd...'.

could – oes angen cyfieithu 'could'? Gallech ddefnyddio amser amherffaith 'gweld'.

never-ending – pa ansoddair sy'n addas? Sut mae ffurfio ansoddair sy'n golygu'r gwrthwyneb i 'diwedd'?

here and there – 'yma a thraw'; 'yma ac acw'.

appeared – amser gorffennol y ferf; ond ai 'ymddangos' yw'r gair gorau? Beth am 'dod i'r golwg'?

cutting – pa arddodiad allwch chi ei ddefnyddio i gyflwyno'r ferf?

this was joined – newidiwch y goddefol i'r mynegol.

cut – amser amherffaith y ferf.

north-eastern – defnyddiwch 'gogledd ddwyrain' yn hytrach nag ansoddair.

point – nid 'pwynt'. Beth am 'man'?

was to be seen – yn lle'r goddefol, defnyddiwch 'dyn', ac yna amser amherffaith y ferf.

feeble looking – gallech gyflwyno'r ymadrodd hwn trwy ddefnyddio 'gyda choed...'; oes angen cyfieithu 'looking'? A fyddai 'gwanllyd' yn ddigon? O gyfieithu 'looking' defnyddiwch 'gwan eu...'

pretty – nid prydferth yw'r ystyr.

could – oes angen cyfieithu 'could'? A yw'r amser amherffaith yn ddigon?

led – beth yw 'to lead a life'? Oes angen cyfieithu'r ferf?

looked like – oes angen cyfieithu 'look'. Ydy 'fel' yn ddigon?

find – ai 'cael' yw'r ferf i gyfieithu hyn?

the – nid oes angen defnyddio'r fannod o flaen enwau afonydd yn y Gymraeg.

7. An accident

Dechrau nofel ddirgelwch boblogaidd sydd yma. Defnyddiwch iaith sy'n llifo'n rhwydd.

It had been a wet winter's evening, with a raging wind howling through the city's streets. There, by the side of the road, <u>one could clearly see</u> where the accident <u>had taken place</u>. A small bunch o flowers marked the <u>spot</u>, put there <u>presumably</u> by an acquaintance, or a relative. Nobody knew then how it happened. The news would announce that there had been a collision between the car and another vehicle, but nobody knew <u>the circumstances</u> of the sad event. Maybe they had <u>paid</u> less attention to the road than was <u>called for</u>. Perhaps someone had <u>distracted</u> one or both drivers. <u>One </u>must presume that it had happened by chance. Two vehicles, <u>unknown</u> to each other before the moment of impact, suddenly collided before the drivers knew of each other. The sad irony was that the fate of these two people would be linked forever.

> one could clearly see – does dim angen cyfiethu 'one' na 'could': gallech ddefnyddio 'roedd modd' neu 'i'w weld'.
> taken place – peidiwch â chyfieithu'n llythrennol.
> spot – defnyddiwch air cyfystyr.
> presumably – defnyddiwch ymadrodd.
> the circumstances – gallech ddefnyddio'r cymal 'sut y digwyddodd...'
> distract – 'tynnu sylw'.
> unknown – cyflwynwch ferfenw â 'heb', neu ddefnyddio'r ansoddair 'diarwybod'.

8. Forlorn plans

Darn o stori i bobl yn eu harddegau yw hwn. Dylai'r iaith, felly, apelio i bobl ifanc.

Last month had been a taste of heaven. Rhys was in love, maybe for the first time. He had previously had a <u>deep feeling</u> for some girls. One, unfortunately, was a thirty year old lawyer, <u>whose motherliness</u> he misinterpreted for affection, or maybe it was affection, but not one that would lead to <u>much else</u>. Another was his friend's girlfriend, and so following this would also be <u>fruitless</u>. Lucy, however, was different. They enjoyed a full month together, well, they saw <u>each other</u> daily <u>at school</u> and she had also stayed twice in his home. In the meantime, Rhys had also had his first driving lesson. Although he <u>found</u> this more <u>troublesome</u> than he had imagined, as it was difficult to concentrate on the different actions of his four <u>limbs</u>, it was a taste of <u>adult</u> freedom. <u>To cap</u> this all his parents were going away for the first week of the holidays, and Rhys had already planned the week – what he and Lucy would <u>be up to</u> was source of joyful expectation. He was, therefore, <u>ill-prepared</u> for Lucy's claim, on the last day of school, that she had too many assignments <u>to complete</u> to see him during the holidays.

deep feeling – ai enw ac ansoddair sy fwyaf addas, neu ddefnyddio berf ac adferf?

much else – defnyddio ymadrodd negyddol, e.e. 'fawr o ddim', 'dim arall'.

fruitless – pa ansoddair sydd orau: 'diffrwyth', 'ofer', 'dibwrpas'?

each other – 'ei gilydd'.

at school – cofiwch ddefnyddio'r fannod.

found – gallwch ddefnyddio 'cael' neu beidio â chyfieithu'r ferf, ac eithrio 'bod'.

troublesome – efallai na ddylid defnyddio ansoddair: beth am enw, e.e. 'poen'.

limbs – gallwch ddefnyddio 'aelodau', ond a fyddai'n fwy dealladwy defnyddio 'breichiau a choesau'?

adult – ansoddair, enw, unigol neu luosog?

to cap – mae angen idiom: 'yn goron ar y cyfan'?

be up to – a yw 'gwneud' yn ddigon? A allwch feddwl am rywbeth mwy lliwgar?

ill-prepared – byddai'n well defnyddio ymadrodd negyddol gyda 'paratoi' a 'digonol'.
to complete – mae angen nodi'r gwrthrych ar ôl yr arddodiad: 'i'w'.

9. Embarrassment

Dyma ran o nofel ysgafn i bobl ifanc yn cynnwys sgyrsio poblogaidd. Mae croeso i chi ddefnyddio tafodiaith a ffurfiau llafar. Bydd angen i chi ystyried eich dewis o eiriau, heb gyfieithu'n rhy llythrennol.

"Cool."
"What d'yah mean?"
"Cool, I said."
"Cool what?"
"Your jeans – like the colour."
Mandy looked down, slightly embarrassed, at her clothing. She knew it wasn't her jeans which looked cool to Shane, but her naked midriff, which displayed a pierced navel.
"It's the same colour as yours."
"Mine?"
"Your jeans."
"Oh." Shane realised that she had seen through his veneer of politeness.
"Like it then?"
"Like what?"
"My pierced belly button."
It was Shane's turn to be embarrassed.
"Not bad," he fumbled. "I mean, it's great," he added, not wishing to show too much appreciation.
"Well, time you had your own done."
"But that's not for boys."
"Seen some with rings in funny places."
Shane couldn't think of an answer. He simply wished that he hadn't raised the subject in the first instance.

cool – gallech ddefnyddio 'cŵl', neu air Cymraeg addas.
d'yah mean – ceisiwch gyfieithu i dafodiaith.
slightly embarrassed – 'chwithig'?
knew it – mae angen defnyddio cymal enwol.

display – byddai 'arddangos' yn iawn, ond cystal defnyddio 'i'w weld'.

mine – 'fy un i'.

had seen through – mae angen ymadrodd sy'n cyfateb i'r ystyr.

fumbled – gallai 'mwmial' fod yn addas neu 'dweud yn drwsgl'. Pa ddewisiadau eraill sydd?

not wishing – cofiwch fod modd mynegi'r negyddol trwy roi 'heb' cyn y ferf.

raised – gallech ddefnyddio 'codi'; byddai 'sôn' yn iawn.

instance – gall 'lle' fod yn iawn.

10.   No such novel will be written

Darn o stori fer yw hwn. Y mae'n sôn am lenyddiaeth, ond mae hefyd yn ymgais i fod yn ddarn o lenyddiaeth. Iaith gymharol ffurfiol amdani, felly. Mae yma sawl enghraifft o is-gymalau perthynol.

The mist <u>rose</u> slowly from the valley floor to reveal the ripe colours of early <u>autumn</u>. Yellow fields of hay, blackberry <u>filled hedges</u>, and chestnut tree leaves beginning to turn orange. Mari Huws, <u>now approaching</u> her <u>sixtieth</u> birthday, could almost imagine that it was a scene from *Cysgod y Cryman,* Islwyn Ffowc Elis's memorable novel on the conflict between two generations in <u>rural</u> Wales. But the conflict in Mari's experience was of a different nature, for Mari no longer <u>knew</u> her neighbours. Beyond the trees, Fferm y Dyffryn was now Valley View. A little further along the road, Tan yr Allt had become Danny's Halt. Who was <u>to blame</u>? Was it the newcomers who treated this part of the country as if it had no language of its own? Or was it the Welsh who had <u>sold out</u>, <u>favouring</u> life in the city? Or was it economics, which had forced home prices beyond the <u>reach</u> of local young people? Whatever it was, *Cysgod y Cryman* could not be written today.

rose – pa amser o'r ferf sydd orau mewn disgrifiad?

autumn – oes angen y fannod?

filled hedges – gallech ddefnyddio is-gymal perthynol gyda'r ymadrodd 'yn llawn o'.

now approaching – unwaith eto, gall is-gymal perthynol fod yn addas.

sixtieth – gallech ddefnyddio'r trefnolyn, ond cystal defnyddio 'yn drigain'.

rural – gallech ddefnyddio'r enw 'cefn gwlad' yn lle ansoddair.
knew – amser y ferf?
to blame – defnyddio idiom.
sold out – ceisiwch osgoi cyfieithu'n llythrennol.
favouring – mae angen defnyddio 'gan' o flaen y berfenw.
reach – 'gafael'.

11.   A recording star

Mae'r darn hwn yn dod o stori fer i bobl ifanc, ac mae'n cynnwys ymadroddion tafodieithol a rhai lliwgar eraill. Does dim angen cyfieithu'n rhy llythrennol: meddyliwch am idiomau cyffredin rydych chi'n eu defnyddio wrth siarad.

"Cut."
"Not again. What was wrong this time?"
"Tonality, love."
"What's that?"
"Wrong notes – you're changing key all the time."
Catrin Mair thought for a second. How could she answer this without displaying <u>utter</u> ignorance?
"That's part of the effect."
"It affects me alright," said the producer, "but not in a way the viewers will appreciate."
Catrin Mair was <u>fed up to the teeth.</u> This was her fourth attempt at the song.
"<u>Backing</u> ready? <u>Let's go.</u> Give it <u>your best shot</u>, love, forget we're here."
Catrin gripped the microphone more tightly. It was already wet with perspiration. She sang, but knew that her confidence had <u>sapped</u> away. She finished on a pretty rough note.
"Lovely, OK, that's it," shouted the producer. "We'll <u>mop it up </u>in the studio, there's <u>no end</u> of trickery we can <u>be up to</u> – we'll match pieces of the five <u>takes</u>, brighten up the backing, and the viewers will be <u>none the wiser</u>."

utter – 'llwyr'.
fed up to the teeth – pa idiom ydych chi'n ei ddefnyddio am hyn?

backing – 'grŵp cefndir'.

let's go – pa idiom?

sapped – 'cilio', 'edwino', 'gwanhau', 'diflannu' …

mop it up – beth yw'r ystyr fan hyn?

no end – idiom arall.

be up to – idiom arall.

takes – 'recordiad'.

none the wiser – gallwch ddefnyddio 'callach'.

12. Linguistics

Dyma gychwyn nofel am fywyd academaidd. Mae sawl defnydd yma o ansoddeiriau wedi eu ffurfio o ferfau, ac yn diweddu ag '-ing neu '-ed'. Cofiwch fod modd defnyddio is-gymal wrth gyfieithu'r rhain.

<u>Sitting</u> at his desk, the <u>contented</u> Professor Velshinaviek had been looking forward with growing anticipation to his <u>Welsh</u> visitors' <u>arrival</u>. When the time came, he would show them proudly how he had developed a thriving Welsh section within the Department of Indo-European languages in the <u>University</u> of Gdansk, Poland. The occasion was the sixth annual conference of the European Association for <u>Minority</u> Languages. He had arranged what he thought was a fascinating session for Celtic languages and had urged his students to attend.

They, on the other hand, looked forward to a possible enlightening trip to Wales under the <u>auspices</u> of the Welsh Department of the University of Wales, Aberdyfan, rather than to more <u>boring</u> lectures.

When Professor Velshinaviek saw the Welsh <u>representation</u>, however, he was rather disappointed. Professor Steffan Morris's first comment at the start of his lecture was to ask where he could buy the renowned bison-grass vodka. He looked at the <u>smiling</u> students. "And you," he said, "when you visit Wales, will be able to taste our increasingly famous new whiskey." The students suddenly became interested in linguistics.

sitting – oes angen arddodiad i gyflwyno'r ferf?

contented – mae'n siŵr bod ansoddair ar gael.

professor – oes angen y fannod?
Welsh – 'o Gymru'.
arrival – defnyddiwch ferf, nid enw.
university – oes angen y fannod?
minority – 'lleiafrifol'.
auspices – 'nawdd'.
boring – 'diflas', 'hirwyntog'.
representation – ceisiwch osgoi enw haniaethol.
smiling – oes angen defnyddio is-gymal ansoddeiriol?

13.   A large family

Rhan o stori serch, wedi ei hysgrifennu i gylchgrawn merched, sydd yma. Dylid ei chyfieithu i arddull boblogaidd. Bydd angen i chi wybod sut mae cyfieithu'r enwau a rown ar berthnasau.

Michael's mother and <u>father-in-law</u> had arranged the wedding because they wanted to keep to tradition. Guests on <u>both</u> sides were naturally invited, including their <u>grandsons</u> and <u>granddaughters</u>. <u>In all</u> they had seven grandchildren, five <u>nieces</u> and four <u>nephews</u>. "If you marry me, you'll never be short of visitors," Jennifer had warned him. "Just think of my nine <u>cousins</u>." Michael was afraid that his own family was quite small. His <u>grandparents</u>, on his mother's side, had died suddenly <u>last year</u>. His mother's side, of course, was the only side he had, as his father had left home when he was two, and there had been little contact between them since. He had for many years a <u>step-father</u> but he did not expect many of his side of the family to be invited. The <u>short term</u> advantage of marrying into a large family was the number of presents they would receive. The <u>drawback</u>, however, was the number of presents they would have to buy when Christmas <u>came round.</u>

father-in-law – 'tad-yng-nghyfraith'.
both – mae angen cyfieithu hyn.
grandsons – 'yr/wyrion'.
granddaughter – 'wyres/-au'.
niece – 'nith/-oedd'.
nephew – 'nai/neiaint'.
cousin – 'cefnder/-oedd/cefndyr/cefndryd' (g); 'cyfnither/-oedd/-od' (b).
grandparent – 'rhiant cu/rhieni cu'.

last year – cofiwch y fannod.
step-father – 'llystad'.
short term – does dim rhaid cyfieithu'n llythrennol.
drawback – meddyliwch am air cyfystyr.
come round – 'dod yn ei dro'.

14. Return to the country

Mae'r darn hwn yn sôn am ferch yn dychwelyd i'r wlad. Mae'r naws yn fyfyrgar.

Alone at last, Emily felt at peace with herself and with the world. She spent her day caring for the abundance of rose-bushes in the garden, which a year ago was overgrown, and almost weed-bound. Having inherited the cottage from her parents, who had lived there for half a century, and where she had been brought up, Emily had decided to move from the bustle of city life to the countryside of her youth. This involved giving up her well-paid post with the land registry, but she managed to leave with a decent pension. She had become involved in several village societies which shortened the long nights of winter, but in summer, she was in her element in her secluded garden, especially as she could sit on her wooden bench among the roses while gazing at the sun setting over the shimmering sea in the distance. Peace, tranquillity, call it what you will, Emily had found it here.

alone – nid unig.
at peace – meddyliwch am adferf, efallai.
abundance – meddyliwch am ansoddair yn lle enw haniaethol.
overgrown – cyfieithwch yr ystyr, nid y ferf yn llythrennol.
weed-bound – bydd angen ymadrodd efallai.
brought up – 'magu'.
city – oes angen y fannod?
countryside – beth yw'r gwahaniaeth rhwng 'cefn gwlad' a 'gwlad'?
giving up – mae llawer yn gwrthwynebu 'rhoi i fyny' ar y sail ei fod yn gyfieithiad llythrennol, ond mae wedi ei ddefnyddio yn y Gymraeg ers canrifoedd.
managed – nid rheoli.
decent – mae angen ansoddair cyfystyr, nid un llythrennol.
involved – 'cymryd rhan'.

in her element – meddyliwch am idiom.
secluded – 'cudd', 'cêl', …?
wooden – nid ansoddair.
peace, tranquillity – mae digon o eiriau Cymraeg ar gael.

15. A coincidence

Mae'r darn hwn yn rhan o nofel gan awdur poblogaidd Saesneg, a werthodd fwy na phum miliwn o gopïau, a ysgrifennwyd yn bennaf i'w gwerthu mewn meysydd awyr.

The twins had been separated at birth, due to the family's poverty. They had not known of each other's existence for twenty years. It was one of life's coincidences which brought them face-to-face, one of those <u>breath-taking</u> occurrences which take place once or twice in a <u>lifetime</u>. Martha had from her college days become a successful artist, and had exhibited widely in Wales, London, <u>Cologne</u> and <u>Munich</u>. Melinda, on the other hand, had studied Welsh and after graduating had taught Welsh in a comprehensive school. She was now in New York for two weeks, the first week as a tutor on the annual Welsh course <u>run</u> by Cymdeithas Madog, and the second <u>simply</u> as a tourist. She <u>stayed</u> at the Philadelphia Hotel. It was Saturday morning, and <u>as</u> she walked out of the hotel, she saw herself walking in, for the girl entering the hotel was herself – the same appearance, the same hair and eye colour, even facial expression. "Martha!" she blurted, <u>remembering</u> suddenly her sister's existence. "Melinda?" came the reply. Martha soon found out that her sister was arranging an art exhibition in New York.

> breath-taking – efallai y bydd angen defnyddio is-gymal perthynol.
> lifetime – pa air syml sy'n cyfieithu hyn?
> Cologne, Munich – ydyn ni'n defnyddio'r enwau Saesneg, yr enwau
>   Almaeneg (Köln, München) neu'r enwau Cymraeg (Cwlen)?
> run – angen is-gymal perthynol.
> simply – efallai y gallwch ollwng hyn.
> stayed – pa amser o'r ferf?
> as – pa air sy'n addas i gyflwyno'r is-gymal adferfol hwn?
> remembering – pa air sy'n addas i gyflwyno'r berfenw?

16. The cost of education

Erthygl gan fyfyriwr tlawd ym mhapur newydd y myfyrwyr yw hon. Rhowch sylw i gyfieithu ffurfiau amodol y ferf Saesneg.

The best days of your life will be at university, we were told. Should I have believed them? I would have believed the teachers who used this as a last resort to get us to take an interest in their subject, were it not for my sister's experience. Angela had studied hard at school, and then at a sixth form college, the result of which was to obtain the highest A level grades. This enabled her to study at a university which was considered to be one of the best in England. But three years later she had to face the cost of her education, which was in excess of £20,000, if one were to include university fees and lodging, and now she was heavily in debt. Now she would have liked to have had the opportunity to start buying her own house, she also would have bought her own car, but all this was beyond her. Should she have gone to university? Would she have chosen this option, if she had known how much this would have cost?

should I have – gyda 'dylwn' mae angen defnyddio 'fod wedi' i fynegi'r gorffennol.

I would have – mae 'wedi' yn ddigon ar ôl y ferf 'bod'.

were it not – cofiwch am y posibilrwydd o ddefnyddio 'oni bai am' i fynegi'r negyddol.

the result of which – gallwch gychwyn ail frawddeg yn lle defnyddio is-gymal perthynol.

which was – pa eiryn sy'n cyflwyno'r is-gymal perthynol hwn?

would have liked to have had – mae 'cael' yn ddigon i gyfieithu 'to have had'.

would have bought – mae 'wedi' yn ddigon ar ôl y ferf 'bod'.

should she have gone – mae angen defnyddio 'fod wedi'.

if she had – pa air sy'n cyfieithu 'if' pan fyddwn yn cyfieithu'r amodol?

17. Winters

Codwyd y darn hwn o golofn natur mewn papur dydd Sul. Mae angen gofal wrth drin amserau'r ferf.

Winters today are not like winters long ago, when rivers and lakes <u>froze over</u>, when you could not dig your garden for months on end, when your motor car would not start, when the water pipes of your house <u>burst</u>, and when schools <u>closed</u> for at least a week each winter. This <u>may</u> be due to global warming, <u>in the wake of</u> the effects of burning fossil fuel, or it may be because the world is emerging from the <u>lingering</u> effects of the last ice age, and entering an <u>increasingly</u> warm period. If it is the <u>former</u>, the change from burning fossil fuel to sustainable energy such as wind and sun energy will have a significant effect. If it is the <u>latter</u>, this would have a minimal effect, but nevertheless, it would do no harm. In the meantime, there is a distinct pleasure in enjoying the earlier summer days, and the <u>decidedly</u> warmer winter days that are <u>upon us</u>.

froze over – amser amherffaith, neu arferiadol y ferf; oes angen
  cyfieithu 'over'?
closed – pa amser o'r ferf?
may – mae 'efallai' yn aml yn ffordd effeithiol o gyfieithu 'may'.
  Cofiwch mai is-gymal enwol sy'n dilyn 'efallai'.
in the wake of – 'yn sgil'.
lingering – a oes ansoddair addas, neu a oes angen defnyddio
  is-gymal perthynol?
increasingly – 'mwyfwy'.
former – wrth gymharu dau beth yn y Gymraeg, rydyn ni'n defnyddio
  ffurf eithaf yr ansoddair: 'cyntaf'.
latter – eto'r ffurf eithaf: 'olaf'.
decidedly – cryfhau'r ansoddair yw'r brif swyddogaeth.
upon us – pa ymadrodd sy'n cyfateb?

18. English poets, Welsh metres

Darn o feirniadaeth lenyddol yw hwn, ac ymddangosodd mewn cylchgrawn Cymreig sy'n trafod materion cyfoes a llenyddiaeth.

Many literary critics have commented on how <u>English language</u> poets have used the patterns of <u>Welsh strict metre</u> poetry to good effect. One such poet was Gerard Manley Hopkins, who learnt Welsh and used the strict metre patterns, which gave his poetry a deliberately musical lilt. There is more doubt regarding Dylan Thomas, who was born <u>to</u> a <u>Welsh-speaking</u> family but who chose not to display publicly any knowledge of Welsh, even less any acquaintance with Welsh strict metre poetry. If <u>one were asked</u> to comment on his poem 'Fern Hill', one would refer readers to the fourth and fifth line of the second verse, which corresponds to 'cynghanedd sain'. Was this deliberate on D.T.'s part? Can <u>sonorous</u> lines of English poetry (or advertising) correspond unintentionally to the Welsh strict metre, as suggested by Mererid Hopwood when she referred to 'Sponsored by Marks & Spencer'? When Dylan Thomas proceeds to use other forms of strict metre, such as 'cynghanedd draws' in the last verse of the poem, the doubts begin to vanish.

English language – mae 'Saesneg' yn ddigon.
Welsh strict metre – disgrifiad yw hyn o gynghanedd.
to – ai 'i' neu 'mewn' bydden ni'n ei ddefnyddio?
Welsh-speaking – mae 'Cymraeg' yn ddigon.
one were asked – gallwch newid hwn i'r modd mynegol.
sonorous – meddyliwch am ansoddair addas; ydy 'cerddorol' yn ddigonol?

19. English only, please

Rhan o ddarlith i gynhadledd ar iaith a thafodiaith yw hon, ond y nod oedd apelio at wrandawyr cyffredinol yn hytrach nag at academyddion.

Too many Welsh people claim that they cannot understand any Welsh dialects other than their own. Many, especially <u>those</u> in south Wales, perhaps because of an innate and unconscious <u>inferiority complex</u>, say that they do not understand the Welsh of <u>north Walians</u>, although they generally have no difficulty in following T.V. soap operas which include <u>north Walian</u> characters. It has been known that <u>Welsh-speaking</u> married couples where one is from the north and the other from the south speak English together, in case they would not understand each other's speech. This in turn leads to children being brought up in English only by Welsh-speaking parents. <u>Intergenerational</u> language <u>transmission</u> thus breaks down. On the whole it can be argued that this is nothing but ignorant prejudice, <u>combined</u> with lack of self-confidence in the face of linguistic, economic and political domination by a more forceful and larger cultural group.

those – does dim angen gwahaniaethu yma rhwng 'y rhain' a'r 'rheiny', felly mae 'pobl' yn iawn.
inferiority complex – 'cymhleth y taeog'.
north Walians – 'Cymry'r gogledd'.
north Walian – gwell dweud o ble maent yn dod yn hytrach na defnyddio ansoddair.
Welsh-speaking – does dim angen cyfieithu 'speaking'.
intergenerational … transmission – cystal defnyddio ymadrodd i gyfieithu hyn: 'trosglwyddo iaith rhwng y cenedlaethau', gan ddefnyddio berfenw yn lle enw haniaethol.
combined – cyflwynwch y berfenw â 'wedi'.

20.   Charity shops

Rhan o stori mewn cylchgrawn i fenywod yw hon.

Jennifer Evans, who had just retired, enjoyed spending her time
shopping. Her pension, fortunately enough, was <u>sufficient</u> to <u>cover</u> her
usual expenses, and to buy some <u>luxuries</u>. Whatever the weather, she
<u>could</u> be found either in high street shops or in out-of-town <u>stores</u>. The
big difference between her and her friend Amanda, was that Amanda
had mastered the art of buying second-hand clothes at charity shops,
while Jennifer's only claim to <u>frugality</u> was her expertise in the winter
sales. This winter she was looking for a dress for Amanda's <u>sixtieth</u>
birthday, which was to be celebrated at the town's biggest hotel. She
found a <u>brightly coloured</u> dress at half price, costing still <u>a not
unsubstantial</u> £120. <u>Arriving</u> at the party, Jennifer's face dropped when
she saw Amanda wearing exactly the same dress. Amanda, however,
smiled broadly before asking whether Jennifer had also started buying
at Oxfam, where she <u>had</u> paid just £5 for hers.

> sufficient – oes modd osgoi defnyddio 'digon' ddwywaith?
> cover – pa ystyr sydd gan 'cover' yma?
> luxuries – allwch chi feddwl am un gair, neu a fyddai ansoddair ar ôl
> 'pethau' yn iawn?
> could – oes angen defnyddio 'gallu'?
> stores – oes gwahaniaeth rhwng siopau a 'stores'?
> frugality – 'cynildeb', 'arbed arian', 'byw'n gynnil'.
> sixtieth – 'trigeinfed', 'yn chwe deg'.
> brightly coloured – gallwch ddefnyddio dau ansoddair.
> not unsubstantial – gallwch ddefnyddio ymadrodd cadarnhaol.
> arriving – pa arddodiad ddefnyddiwch chi i gyflwyno'r ferf?
> had … just – gallwch ddefnyddio berf negyddol i gyflwyno 'yn unig'.

21. ’ Gender difference

Darn o anerchiad i gynhadledd myfyrwyr gwyddoniaeth yw hwn. Mae angen cadw at y termau lled dechnegol, ac at yr arddull. Bydd Cymraeg ffurfiol iawn neu ffurfiol yn addas.

Many parents have <u>in spite of their own desire</u> noted how their children <u>played</u> with toy dolls which suit the <u>stereotypical</u> view of children. Parents who have deliberately given trains to their daughters and dolls to their sons in order to overcome the typical <u>gender</u> roles have on the whole seen that the children themselves choose to play with the traditional toys for their sex. <u>It has recently been shown</u> that the male chromosomes <u>differ</u> greatly from the female ones to such a degree that the male and female thought processes and emotional responses are quite different. In boys <u>there is</u> more development in early years in the part of the brain which involves mechanical understanding, while in girls it is the emotional side which has precedence. This explains to some extent the widely held belief that men are from <u>Mars</u> and women from Venus. However much some try to undo the <u>perceived</u> influence of gender stereotyping, the likelihood is that boys will always be boys and girls will always be girls.

> in spite ... – rhowch yr ymadrodd ar ôl y ferf.
> played – amser y ferf?
> stereotypical – oes modd creu ansoddair o ‘stereotype’? Beth am ‘ystrydebol’?
> gender – oes gwahaniaeth rhwng ‘gender’ a ‘rhyw’ yn y cyd-destun hwn?
> it has ... been shown – gorffennol amhersonol.
> differ – beth am ddefnyddio’r ansoddair ‘gwahanol’?
> there is – beth yw’r gwahaniaeth rhwng ‘mae’ a ‘ceir’?
> Mars – a fyddai’n well ychwanegu’r elfen ‘planed’?
> perceived – defnyddio is-gymal perthynol.

22.   The news

*Newyddion a glywyd un noson ar y teledu yw hwn. Mae'r arddull, felly,
yn ffurfiol. Byddai'n dda newid sawl berf o'r goddefol i'r mynegol.*

This is the news, <u>read by</u> Hywel Mason. Several islands in the Indian
Ocean <u>have been struck</u> by a powerful earthquake, which registered
8.2 on the Richter scale. Its epicentre was twenty miles from Sumatra.
Inhabitants, who have just recovered from a month of severe gales, are
beginning to count the cost of the latest disaster.

At home, <u>there have been</u> riots in London, after the English rugby team
were beaten for the tenth game in a row at Twickenham. The referee
<u>was publicly criticized</u> by the team's manager for <u>disallowing</u> two tries,
but <u>it was seen</u> in television replays that the players on both occasions
had been pushed into touch before grounding the ball. Police are now
in control of the city, and a night curfew is in force.

On a lighter note, a wild cat, <u>spotted</u> by many farmers in west Wales,
and thought to have been an <u>escaped </u>leopard, has finally been caught.
Although the cat <u>has been accused</u> of killing several sheep and of
frightening many neighbourhoods, an elderly gentleman later admitted
that he did not give it milk every day, and this made the cat rather
rapacious.

> read – nid oes angen berf oddefol: mae 'yn darllen' yn ddigon.
> have been struck – rhowch gynnig ar ferf fynegol.
> there have been – osgowch y goddefol trwy ddefnyddio'r ferf 'bod'.
> was … criticized – defnyddiwch 'rheolwr' yn oddrych i osgoi'r
>   goddefol.
> disallow – bydd angen dwy ferf.
> it was seen – gallwch ddefnyddio 'dangosodd' i osgoi'r goddefol.
> spotted – gallwch ddefnyddio'r goddefol, neu ddefnyddio 'ffermwyr'
>   yn oddrych.
> has been accused – gallwch gyflwyno'r goddrych 'rhai' i osgoi'r
>   goddefol.

23.   Late or early?

Rhan o stori fer gan awdures ifanc yw hon.

Sioned <u>found</u> it a little strange returning home after an evening out.
She had danced all night at one club after another. When one <u>closed</u>,
the doors of another offered further amusement. The last one did not
close until four in the morning, and Sioned was among the last to
leave. Some of her friends, <u>whose</u> boyfriends were eager to return to
the <u>student</u> hostel, had already disappeared. There was a lengthy
queue at the taxi rank, so she and her friend decided to walk the two
miles back to the college campus. As dawn was breaking, the town
began to wake up, the milk <u>floats</u> sang a merry song as they shook
their milk bottles, the lamp-post lights extinguished, and a postman was
<u>seen</u> delivering his mail. They walked towards the sea, and saw the
sun's orange globe rising slowly above the steel <u>works</u> on the <u>eastern</u>
horizon. The last part of the walk was through a park, and the birds'
dawn chorus was already <u>in good song</u>.

found – pa ferf sy'n cyfieithu 'find' orau yn y cyd-destun hwn?
closed – pa amser y ferf?
whose – sut ydych chi'n cyflwyno'r is-gymal perthynol hwn?
student – unigol neu luosog?
floats – beth yw ystyr 'floats' llaeth?
seen – oes modd defnyddio'r mynegol?
works – unigol neu luosog?
eastern – ansoddair neu enw ar ôl y fannod?
in good song – pa idiom sy'n bosibl?

24.   Crossing the road

Rhan o golofn ysgafn wythnosol mewn papur Sul yw hon. Mae angen cadw at yr hiwmor ysgafn os oes modd. Sut mae'r Gymraeg yn delio â geiriau o ieithoedd estron? Mae'r Saesneg yn derbyn y rhain yn haws.

Crossing the road can be a major achievement for a chicken, <u>which of course, has</u> specific reasons for doing so, <u>including</u> getting to the other side. Even more so for lesser breeds, such as hedgehogs and frogs, <u>for whom</u> freight lorries have a particular appetite. For people, crossing a busy street should not present such difficulties, but when <u>one</u> considers nonchalant teenagers, tottering old people, wandering children, and the ever increasing number of cars on streets today, one can quickly sympathise with the chicken. <u>However many</u> zebra crossings or traffic lights are provided for <u>humankind</u>, who do not on the whole possess as wide a *Weltanschauung* as chickens, getting to the other side can be a challenge. The desire to get there as quickly as possible seems to be the <u>overriding</u> desire of most pedestrians, more and more of whom, unfortunately, meet the same fate as so many of the chickens which venture on this alarming journey.

which … has – sut mae cyflwyno'r is-gymal hwn?
including – pa arddodiad ddefnyddiwch chi i gyflwyno'r ferf?
for whom – sut ydych chi'n cyflwyno'r is-gymal hwn?
one – sut ydyn ni'n cyfieithu 'one'?
however many – 'pa … bynnag'.
humankind – 'pobl', ond efallai nad yw hyn yn cyfleu'r naws ffug
  dechnegol; 'bodau dynol'; 'yr hil ddynol'.
Weltanschauung – mae'r Saesneg yn defnyddio geiriau estron yn
  fwy hwylus na'r Gymraeg. Beth wnawn ni felly?
overriding – efallai y byddai 'prif' neu 'pennaf' yn haws na chwilio am
  gyfieithiad llythrennol.

25. Small languages

Rhan o ddarlith a draddodwyd gan yr Athro Steffan Morris mewn cynhadledd yng Ngwlad Pwyl yw hon. Dylai'r arddull fod yn ddigon ffurfiol. Ystyriwch sut mae delio ag enwau ieithoedd. Yn gyffredinol, mae'r Gymraeg yn ychwanegu '-eg' at y bôn.

Welsh is but one of more than thirty threatened languages of Europe. Some of these are strong numerically, e.g. Catalan is spoken by more than 9 million people. Other languages, such as Manx and Cornish, have at some point been pronounced dead, but are now in the process of being revived by enthusiasts. Some former mighty languages, such as Low German and Langue d'Occ have been reduced to dialect status. As far as languages spoken by less than a million people are concerned, Welsh is at present one of the more hardy: its numbers are growing, and after vigorous campaigning by many movements in the twentieth century, it is now accepted as an official language by all levels of government, and of course, by the mass media and the education system. A language with a broadly similar number of speakers, the Basque language, has, however, taken even greater strides since the death of General Franco in 1976. The fate of other small languages, such as Sorb, Friesian, Fiuli and Rhaeto-romansch are more in the balance.

is but one – gallwch ddefnyddio berf negyddol, neu anghofio am 'but'.

threatened – gallwch ddefnyddio is-gymal perthynol.

are strong numerically – gallwch gyflwyno goddrych, e.e. 'llawer' ac anghofio am 'numerically'.

is spoken – gallwch newid berf fynegol.

been pronounced – eto gallwch gyflwyno 'rhai' fel goddrych.

in the process – gallwch osgoi 'process' trwy ddweud bod 'rhai wrthi'n eu hadfer'.

as far as ... concerned – peidiwch â sôn am bellter; haws defnyddio 'o ran'.

is now accepted – eto gallwch ddefnyddio berf fynegol.

26.   Has Welsh been dying for 800 years?

Dyma ail ran darlith yr Athro Steffan Morris. Cadwch at yr un arddull.

Writers from the 13th to the 20th century have foreseen the demise of Wales and the Welsh language. When Llywelyn II was killed near Builth, poets of the day mourned the end of the Welsh order. What followed, nevertheless, was the golden age of Welsh poetry. The Act of Incorporation into England (1536) pronounced that no government or legal official should use Welsh henceforth. Within half a century, the Bible was translated into Welsh, which established a standard form of Welsh prose for the following five centuries. With the development of the printing press, the publication of Welsh dictionaries and grammar, Welsh took its place as one of Europe's literary languages. The golden age of Welsh publishing followed in the 19th century, but that century also saw further linguistic threats, including large numbers of incomers and the banning of Welsh in the country's schools. Many Welshmen conceded that English would be the language of the future. Who could have prophesied that a hundred years later the numbers of Welsh speakers would once again be on the increase?

> 13th – fel arfer y trefnolion traddodiadol sy'n cael eu defnyddio mewn arddull ffurfiol.
> Builth – beth yw'r enw Cymraeg ar y dref hon?
> five – nid yw'n treiglo ar ôl y fannod.
> development – gallwch ddefnyddio berfenw.
> publication – gallwch ddefnyddio berfenw.
> saw – does dim rhaid defnyddio'r ferf 'gweld'.
> on the increase – bydd berf yn iawn.

27.   The Welsh short story

Ysgrif o feirniadaeth lenyddol yw hon, wedi ei chyhoeddi mewn cylchgrawn Saesneg ar lenyddiaeth Cymru. Mae'r arddull yn ddigon cymhleth: mae pob hawl gennych i dorri brawddegau hir.

It can be argued that the worst thing that happened to the Welsh short story was Kate Roberts. The view of Kate Roberts as a queen of Welsh literature, combined with the acceptance of her precise, concise style of writing as being the only style for short stories, and of her gloomy, pessimistic outlook and her obsession with hardship and poverty as the norm, meant that there was little development in the Welsh short story *genre* for some fifty years. Kate Roberts, of course, had able followers, but many insisted on confining themselves to a vanished Welsh society, which was becoming increasingly alien to Welsh youth. The freer expression and description of life, with due inclusion of philosophising, surrealism, introspection, satire and political comment was delayed until the emergence of the anti-Kate-Roberts writer, Mihangel Morgan, whose arrows successfully penetrated the holier-than-thou attitude amply exhibited in the published correspondence between Saunders Lewis and Kate.

It can – 'mae modd'; 'gellir'.
that the worst thing – ai hwn fydd gyntaf, neu Kate Roberts?
the view – defnyddiwch ferfenw efallai; torrwch y frawddeg hon yn
    ddwy, o leiaf.
the freer – torrwch y frawddeg hon yn ddwy o leiaf.
inclusion – a fyddai 'lle' yn iawn?
emergence – gallwch ddefnyddio berfenw.
holier-than-thou – rhaid meddwl am ymadrodd cyfatebol.

28. Back from college

Rhan o opera sebon ar y teledu yw hon, lle mae'r bwlch rhwng y cenedlaethau'n amlwg. Defnyddiwch arddull wahanol i'r tad-cu a'r llanc, ac mae rhyddid i chi ddefnyddio tafodiaith.

"So how are things in college, my boy?"

"Not bad, lots of <u>laughs</u>, <u>like</u>."

"Laughs? In my days there were very few laughs – we had to work hard, if we didn't, we knew we'd have to go down the mine."

"We got to work as well, like, but it's all in modules today ..."

"Modules?"

"Ay, ten weeks an' an exam, like, or sometimes no exam, just course work, and that's <u>dead easy</u>."

"What can you learn in ten weeks, my lad?"

"Depends how many lectures you goes to, <u>don't it</u>?"

"Well, you will surely fail if you don't attend lectures. After all ..."

"Fail? No-one fails, Grandad. College can't afford it, 'cos they'd lose our tuition fees."

"Well, my boy, to which societies do you belong?"

"Societies? What <u>d'yah</u> mean like?"

"Well, when I was in college, there was the Celtic society on Monday nights, a choice between philosophy and choral society on Tuesdays ..."

"Same with us, Grandad. Mumbles Mile on Mondays, Wind St Tuesdays, Kingsway Wednesdays ..."

"Glad to hear, things aren't too bad, then."

"And then there's college bar on Thursdays an' Fridays."

> laughs – fydd dim modd cyfieithu'n llythrennol. Oes ymadrodd cyfystyr?
> like – pa eiryn gallwch chi ei ddefnyddio i gyfateb i hwn?
> dead easy – rhaid meddwl yn greadigol.
> don't it – sut gallwch chi gyfleu gwall gramadegol sy'n cyfateb?
> d'yah – tafodiaith; gallwch ollwng y ferf, efallai.

29.　Grand Slam

Adroddiad ar y dudalen chwaraeon mewn papur newydd yw hwn. Mae angen i'r iaith fod yn ddigon lliwgar i ddal sylw'r darllenydd – mae rhai geiriau wedi eu tanlinellu. Mae angen defnyddio'r termau rygbi cywir hefyd.

It was a great occasion, the Millennium stadium was <u>packed to capacity</u>, crowds <u>thronged</u> the city's streets. After weeks of intense discussion of team changes and tactics, there was no room for talk, only action.

And what action we had. Only the brave could endure the last <u>pulsating</u> ten minutes. With Ireland leading by four points, the Welsh hooker threw the ball to the line. It was caught after a <u>mountainous</u> jump by the second row specialist, who sped it out to the fly half. In two seconds, with the aid of the cleverest of reverse passes, it was passed like a hot potato to the centres, and then came the <u>wizardry</u> of the right winger, who came in at a beautiful angle, caught the ball with one hand, and passed it to the full back. Within two seconds the Welsh were over the twenty two, a forward drive followed, and the ball was passed to the blind side. Running unnoticed on that side the winger ran like a hungry leopard with the line in sight. Nothing stopped her. That <u>awesome</u> two minutes meant that the Welsh women's rugby team had won the grand slam for the first time in their history. And the celebration went on to the early hours.

hooker – 'bachwr'
line – 'llinell'
fly half – 'maswr'
reverse pass – 'pas wrthol'
winger – 'asgellwr'
forward drive – 'gwthiad y blaenwyr'
blind side – 'ochr dywyll'
grand slam – 'y gamp lawn'

packed to capacity – 'dan ei sang'.

Chwiliwch eiriaduron, neu meddyliwch am eiriau addas i gyfieithu'r rhain:
  thronged –
  pulsating –
  mountainous –
  wizardry –
  awesome –

30.   History repeats itself

Ysgrif mewn cylchgrawn hanes yw hon, yn bwrw golwg dros ddau arwisgiad Tywysog Cymru yn yr ugeinfed ganrif. Dylai naws y cyfieithiad fod yn ffurfiol, ond yn fywiog, gan fod yr ysgrif yn un boblogaidd. Mae angen geirfa briodol am y maes gwleidyddol. Bydd angen ystyried y geiriau a danlinellwyd, trwy ddewis, weithiau, y gair cyfystyr agosaf.

Keir Hardie, Wales' first socialist MP, had attacked the 1911 Investiture of the Prince of Wales from a nationalist standpoint. He regarded the whole affair as a hoax, with Lloyd George, the then Prime Minister, attempting to ingratiate himself with the Welsh electorate by associating himself with royalty when faced with the increasing popularity of the socialist movement. Keir Hardie regarded the royal family as descendants of robber barons of the middle ages who had stolen Welsh land from the Welsh princes and gentry. Welshmen, he claimed, should be ashamed of attempts to legitimise English royalty. How ironic it was, therefore, some fifty years later, under pressure from good parliamentary election results by Plaid Cymru, to find the Labour Party using the same methods as the old Liberal Party. This time round it was George Thomas, the Secretary of State for Wales, an MP for the coalmining valley of Rhondda, who espoused royalty for the sake of his own waning popularity.

Chwiliwch eiriaduron neu meddyliwch am eiriau addas i gyfieithu'r rhain:
  MP –
  Prime Minister –
  ingratiate –
  electorate –

gentry –
royalty –
legitimise –
Secretary of State for Wales –
Labour Party –
Liberal Party –
espoused –

ATEBION ENGHREIFFTIOL

Mae mwy nag un ateb yn bosibl i bob ymarfer: dyma enghreifftiau yn unig. Rhoddwyd sylw i 3 ymarfer cyntaf pob adran er mwyn cynnig patrwm yn unig.

Cyfieithu i iaith lafar, iaith ffurfiol ac iaith ffurfiol iawn
1. Ry'ch chi 'di cyrredd yn rhy hwyr.
   Rydych wedi cyrraedd yn rhy hwyr.
   Yr ydych wedi cyrraedd yn rhy hwyr.

2. Es i i'r dre ddo.
   Es i i'r dre ddoe.
   Euthum i'r dre ddoe.

3. Prynson ni lot o bresante.
   Prynon ni lawer o anrhegion.
   Prynasom lawer o anrhegion.

Gollwng elfen
1. goleuo – Goleuwyd y dref gyfan gan y mellt.
2. gorwedd – Ar ôl ennill y ras roedd rhaid iddi hi orwedd.
3. sefyll – Roedd rhaid i ni sefyll drwy'r holl gêm.

1. Ysgrifennon ni'r cyfan yn y dosbarth.
2. Ar ôl mynd adref, roedd rhaid i ni ei ysgrifennu.
3. I orffen y gwaith, roedd rhaid i ni lunio cynllun.

Gollwng elfen ond newid berf
1. Cychwynnon nhw'r cwmni ar ôl gweithio gyda'i gilydd am ddwy flynedd.
2. Cuddion nhw'r dyledion am ychydig.
3. Roedd llawer o broblemau i'w datrys.

Newid y defnydd o'r fannod
1. Yn anffodus mae f'ewythr yn y carchar.
2. Mae e'n mynd i'r capel yno bob dydd Sul.
3. Aeth e i'r ysgol yn y Bala.

Amrywio'r defnydd o'r fannod

1. Maen nhw'n costio dwy bunt y cilo.
2. Faint y cilo yw'r afalau?
3. Mae uwd yn saith deg ceiniog y pecyn.

Gollwng y fannod mewn cysylltiad genidol

1. Mae Prifysgol Morgannwg ym Mhontypridd.
2. Astudiodd pennaeth yr ysgol yno.
3. Hi oedd capten y tîm hoci.

Lluosog ac unigol

1. Arhosodd y myfyrwyr yn y pentref myfyrwyr yn ystod y flwyddyn gyntaf.
2. Astudion nhw tectoneg platiau mewn daeryddiaeth.
3. Roedd yr orsaf drenau awr i ffwrdd.

Dewis geiriau

1. Mae e'n gweithio yng nghanolbarth a gogledd Cymru.
2. Wnewch chi weithio droso i yfory?
3. Mae hi'n rhoi gorchudd dros y planhigion yn y gaeaf.

Elfennau nad oes angen eu cyfieithu

1. Digwydd bod yno oeddwn i.
2. Bydd diod yn iawn, dw i ddim am fwyta.
3. Wnewch chi fod yn dawel?

Negyddol a chadarnhaol

1. Doedd ond dau beint o gwrw ganddyn nhw ar y bwrdd.
2. Roedd hi'n fenyw eitha annymunol.
3. Roedd y ffilm yn dra dymunol.

Newid amser y ferf

1. Dawnsion nhw drwy'r nos, neu o leiaf tan ddau y bore.
2. Dawnsiai hi bob nos Sadwrn yn ystod y gaeaf.
3. Bydden nhw'n chwarae'r un record bob nos.

Cyflwyno berf '-ing'

1. Neidiodd e o'r llwyfan, gan wenu'n braf.
2. Cerddodd e i'r gwaith dan ganu.
3. Gan redeg nerth ei draed, diflannodd e'n gyflym.

Troi berf '-ing' yn ferfenw
1. Ar ôl aros cyhyd, mwynhaon nhw'r canu.
2. Y rhan anodd oedd yr yfed a'r bwyta wedyn.
3. Roedd popeth heibio ond y swnian.

Dewis ansoddeiriau
1. Roedd nosweithiau oer fel arfer yn dilyn dyddiau balmaidd yr haf.
2. Roedden nhw'n byw mewn rhan anghysbell ac anial o'r sir.
3. Roedd y mynyddoedd yn wyllt a moel.

Cryfhau ansoddeiriau
1. Roedd eu harholiad yn hynod o anodd.
2. Roedd y cwestiwn cyntaf yn eithafol o ddiflas.
3. Nid oedd y cwestiwn olaf gor-hir yn rhy hawdd.

Ansoddeiriau o ferfau
1. Dihunodd i weld yr haul yn disgleirio.
2. Ar ôl brecwast, roedd y dyletswyddau glanhau tŷ arferol i'w gwneud.
3. Cyn bo hir mwynhaodd hi gwpaned o de a roddodd nerth iddi.

Adferf ac ansoddair
1. Oedd gangiau o ladron a oedd wedi eu trefnu'n genedlaethol yn gweithio yng nghanol y dref?
2. Rhoddodd y côr berfformiad prydferth a chaboledig o Finlandia.
3. Er bod y ffidil wedi ei diwnio'n gain, cafodd ei ganu'n wael.

Cyfieithu arddodiaid
1. Rhoddodd hi sgarff am ei phen cyn gadael.
2. Mae hi am law heddiw, er i'r rhagolygon ddweud y byddai'n heulog.
3. Roedden nhw mor dlawd, fel nad oedd esgidiau am eu traed.

Mynegol a goddefol
1. Daeth y prif arolygydd i'w gweld.
2. Roedd yr afon yn rhannu'r dref.
3. Roedd pont bren fawr iawn yn croesi'r afon.

Idiomau
1. Roedd hi'n bwrw cathod a chŵn trwy'r dydd.
2. Fy ngham mwyaf gwag oedd peidio ag ymddeol yn gynnar.
3. Canmolodd y beirniad y côr i'r cymylau.

Cyfuniad o eiriau
1. Ar ôl aros am hanner munud canon nhw'r gloch eto.
2. Hi oedd y gyntaf i gyflwyno'r cynnig.
3. Pan oedden nhw'n ifanc aethon nhw i'r ysgol yn y wlad.

Gwahanu berfenwau
1. Siaradon ni â hi a gwrando arni am ei bod yn unig.
2. Diolchodd hi i ni a'n canmol am y cymorth.
3. A wrandawsoch chi arni ac ufuddhau iddi?

Haniaethol a diriaethol
1. Cyfarfu'r llywodraethwyr i drafod penodi staff.
2. Roedd y pennaeth ychydig yn drist am fod yr athrawes Gymraeg yn gadael.
3. Roedd hi bob amser wedi bob yn frwd iawn.

Cymalau enwol
1. Wn i ddim a alla i ddysgu heno.
2. Dywedodd wrthyf iddo basio'r prawf.
3. Honnodd hi mai hi fydd y ferch gyntaf i basio.

Cymalau perthynol
1. Cwrddais â'r ymgeisydd a safodd dros blaid genedlaethol Cymru.
2. Credais yr ymgeisydd a addawodd drethi is.
3. Aethom i'r cyfarfod y dibynnodd yr etholiad arno.

Cymalau adferfol
1. Os oes camsyniad wedi bod, fe gawn ni ad-daliad.
2. Byddwn yn dweud wrthych chi, pe bawn yn cofio.
3. Er bod digon o arian gen i dro'n ôl, does dim ar ôl.

Creu dwy frawddeg o un
1. Roedd y côr wedi derbyn gwahoddiad i ganu ym Mhrâg. Mae gan y ddinas honno hanes hir a diddorol.

2. Roedden nhw wedi trefnu canu yn yr eglwys ar yr hen sgwâr. Pan welson nhw lun ohoni, aethant yn nerfus iawn.
3. Roedd rhaid i'r myfyrwyr, a oedd wedi prynu tocynnau rhad, aros am ddwy awr yn y glaw. Llwyddon nhw, serch hynny, i sychu eu dillad ar ôl cyrraedd y gwesty.

Geiriaduron

Mae *Geiriadur yr Academi,* Bruce Griffiths a Dafydd Glyn Jones, Gwasg Prifysgol Cymru, 1995, yn angenrheidiol i gyfieithwyr. Geiriadur Saesneg – Cymraeg yw hwn, ond mae'n rhy fawr i'w gludo o le i le. Mae bwlch mawr rhwng hwn a'r geiriaduron eraill. Mae *Y Geiriadur Mawr,* H. Meurig Evans a W.O.Thomas, Christopher Davies a Gwasg Gomer, 1958 ac argraffiadau dilynol, yn fwy hylaw, ond yn llai defnyddiol i gyfieithwyr.

I gyfieithu pynciau ysgol, mae *Y Termiadur Ysgol,* Delyth Prys a J. P. M. Jones, ACCAC, 1998, yn hanfodol.

Mae geiriaduron electronig yn ddefnyddiol iawn, e.e. *Cysgeir* o fewn *Cysgliad 3,* Prifysgol Cymru Bangor, 2004. Mae geiriaduron eraill ar gael ar y we.

Mae nifer o lyfrau termau ar gael, e.e. *Geiriadur Newydd y Gyfraith,* Robyn Léwis, Gwasg Gomer, 2003; mae *Rhestr o Enwau Lleoedd,* gol. Elwyn Davies, Gwasg Prifysgol Cymru, 1967, yn ddefnyddiol i nodi enwau lleoedd Cymru'n gywir. Mae nifer o lyfrau termau ar gael yn ymdrin ag iechyd a gofal cymdeithasol.

Llyfrau gramadeg

Gramadeg y Gymraeg, Peter Wynn Thomas, Gwasg Prifysgol Cymru, 1996, sy'n cael ei dderbyn fel y llyfr gramadeg safonol, ond gall fod yn gymhleth i rai sy'n cychwyn ymddiddori mewn gramadeg.

Mae *Elfennau Gramadeg Cymraeg,* Stephen J. Williams, Gwasg Prifysgol Cymru, 1958, yn dal yn ddefnyddiol wrth drafod gramadeg ffurfiol iawn.

Mae *Gramadeg Cymraeg Cyfoes,* D. Brown a'i Feibion, 1976, yn cyflwyno ffurfiau cyfoes, a elwir hefyd yn rhai ffurfiol (o'u cymharu â ffurfiol iawn).

Mae *Cyflwyno'r Iaith Lenyddol,* Uned Iaith Genedlaethol Cymru, 1978, yn nodi'n glir y gwahaniaethau rhwng Cymraeg cyfoes a Chymraeg ffurfiol iawn.

Mae *Gafael mewn Gramadeg,* David A. Thorne, Gwasg Gomer, 2000, yn gyflwyniad hawdd ei ddeall, a hefyd ei *Gramadeg Cymraeg,* Gomer, 1996, ac felly hefyd, gobeithio *Cymraeg Da,* Heini Gruffudd, Y Lolfa, 2000.

Mae nifer o lyfrau ar gael sy'n ymdrin â gwahanol elfennau gramadeg, yn enwedig rhai gan D. Geraint Lewis: *Y Llyfr Berfau,* Gomer, 2000, *Y Treigladur,* Gomer 1996, *Pa Arddodiad?*, Gomer, 2000.
Mae llawer wedi gwneud defnydd o *Canllawiau Iaith a Chymorth Sillafu,* J. Elwyn Hughes, Gomer, 2000.
Mae eraill, wrth gwrs.

Llyfrau idiomau

Mae llyfrau Cennard Davies yn ddefnyddiol iawn: *Lluniau Llafar,* Gomer, 1980, *Y Geiriau Bach,* Gomer, 1998, *Torri'r Garw,* Gomer, 1996.
Mae llyfrau eraill ar gael, e.e. *Geiriadur Idiomau,* Gol. A. R. Cownie a Wyn G. Roberts, Gwasg Prifysgol Cymru, 2001. Hefyd dau lyfr o idiomau Cymraeg gan R. E. Jones (Gwasg John Penry, 1975; Tŷ John Penry, 1987), ond mae angen osgoi llawer o'r idiomau astrus.